Bibliografische Information der Deutschen Nationalbibliothek:

Die Deutsche Bibliothek verzeichnet diese Publikation in der Deutschen National-
bibliografie; detaillierte bibliografische Daten sind im Internet über http://dnb.d-
nb.de/ abrufbar.

Impressum:

Copyright © 2014 GRIN Verlag
Druck und Bindung: Books on Demand GmbH, Norderstedt Germany
ISBN: 9783668629875

Dieses Buch bei GRIN:

https://www.grin.com/document/411782

Otmane Azeroual

Application possibilities of the Internet as a Marketing-Mix (4Ps)

GRIN Verlag

Freie wissenschaftliche Arbeit zur Erlangung des akademischen Grades
Bachelor of Science in Wirtschaftsinformatik

Application possibilities of the Internet as a Marketing-Mix (4Ps)

Bachelorthesis

im Fachbereich Wirtschaftswissenschaften II
im Studiengang Wirtschaftsinformatik
der Hochschule für Technik und Wirtschaft Berlin

vorgelegt von: Otmane Azeroual

Abgabetermin: 10.02.2014

Vorwort

Zuerst möchte ich an dieser Stelle allen danken, die diese Bachelorarbeit „Application possibilities of the Internet as a Marketing-Mix (4Ps)" durch ihre fachliche und persönliche Unterstützung begleitet und zu ihrem Gelingen beigetragen haben.

Besonders möchte ich mich ganz herzlich bei Herrn Prof. Dr.-Ing. Wilhelm Fais bedanken. Herr Fais übernahm die umfangreiche Erstbetreuung und unterstützte mich durch seine hilfreichen Anregungen und Ratschlägen. Zudem gilt mein Dank auch Herrn Dr. Hans-Jürgen Ulbig, der mir als Zweitkorrektor unterstützend zur Seite stand.

Abschließend bedanken möchte ich bei meinen Eltern Jamila Morjane und Mustapha Azeroual, die mir dieses Studium ermöglicht haben und auf deren Unterstützung ich immer zählen kann und konnte; zudem bei meinen Freunden und Kommilitonen, die mich während dieser Zeit unterstützt und begleitet haben.

Meinen allerherzlichsten Dank an Gott.

Meinen besten Dank!

Otmane Azeroual

Abstract

Die Arbeit beschäftigt sich mit dem Internet als Marketing-Mix (4Ps). Sie soll kleinen und mittelständischen Unternehmen einen Überblick über die Struktur des Internet, dessen Potentiale und Restriktionen, für den Einsatz im Marketing geben. Heute wird das Internet im Marketing bereits intensiv genutzt, und stellt eine wichtige Informations- und Präsentationsplattform für das Marketing-Mix (4Ps) dar. Diese Bachelorarbeit soll Möglichkeiten aufzeigen, wie das Internet als Marketing-Mix (4Ps) eingesetzt werden kann. Dabei wird bei jedem Instrument gezeigt, wie es durch das Internet beeinflusst wird.

Das Internet wird als Marketing-Mix (4Ps) eingesetzt. Während meiner Forschung habe ich herausgefunden, dass es eine Reihe Kommerzieller Einsatzmöglichkeiten des Internet gibt. Diese Einsatzmöglichkeiten liegen vor allem in der Marktforschung, Kommunikationspolitik und Distributionspolitik. In der Marktforschung unterstützt das Internet die Informationsbeschaffung. Im Rahmen der Distributionspolitik wird das Internet als Konkurrenz zum Versandhandel oder Teleshopping gesehen, allerdings ist der Transport über das Internet nur für digitale Güter und Dienstleistungen möglich. Die größten Möglichkeiten bietet das Internet der Kommunikationspolitik, hierbei besonders in der Werbung.

Inhaltsverzeichnis

Abbildungsverzeichnis

Tabellenverzeichnis

Abkürzungsverzeichnis

IP	Internet Protocol
TCP	Transmission Control Protocol
ARPA	Advanced Research Projects Agency
CERN	Europäische Organisation für Kernforschung
FTP	File Transfer Protocol
WWW	World Wide Web
z.B.	Zum Beispiel
bzw.	beziehungsweise
d.h.	das heißt
u.a.	unter anderem
bzgl.	bezüglich
IRC	Internet Relay Chat
DENIC	Deutsches Network Information Center
LANs	Local Area Networks
WANs	Wide Area Networks
ISP	Internet Service Provider
DNS	Domain Name System
URL	Uniform Resource Locator
USP	Unique Selling Proposition
KKV	Komparativer Konkurrenzvorteil
SEP	Strategische Erfolgsposition
FAQs	Frequently Asked Questions
PIN	Persönlicher Identifikations-Nummer
TAN	TransAktionsNummer
HBCI	Homebanking Computer Interface
ICC	International Chamber of Commerce

1. Einleitung

1.1 Problemstellung

Das Internet ist ein Teil unseres Lebens geworden, es ist weltweit zugänglich, 24 Stunden lang an 365 Tagen im Jahr geöffnet. Rund 2,2 Milliarden Menschen nutzen weltweit das Internet. Im Jahr 2013 haben Insgesamt 65 Mio. Deutsche im Alter von 14-70 Jahren Waren und Dienstleistungen online gekauft.

Der Informationswert ist sehr groß und kann bei Bedarf immer abgerufen werden. Jedes Unternehmen kann daran teilnehmen, da die Kosten im Vergleich zu anderen Medien sehr gering sind. Es ist das einzige Medium, mit dem Informationen übermittelt, Produkte verkauft und Interaktionen zwischen Konsumenten und Händlern ermöglicht werden. Etwa 66% der Unternehmen in Deutschland präsentieren sich, Ihre Produkte und Dienstleistungen über das Medium Internet.

Die Bedeutung des Internet hat in den letzten Jahren für die Unternehmen und Privatpersonen stark zugenommen. Viele Unternehmen nutzen das Internet für kommerzielle Zwecke. Es ist ein Medium für Kommunikation, mit dessen Hilfe es gelingen kann, Kunden zu binden und neue Kunden zu gewinnen, sowie eine Plattform für die Selbstpräsentation von Unternehmen.

Problematisch ist, dass die Präsenz im Internet zu einer erhöhten Markttransparenz führt. Nachfrager können zu vergleichsweise geringen Kosten, Informationen über Anbieter, deren Produkte und Preise einholen. Grundsätzlich ist daher mit einer verschärften Wettbewerbssituation zu rechnen.[1]

Bei homogenen Produkten ist es wahrscheinlich, dass eine Verschiebung zu den Anbietern entsteht, die in der Lage das Produkt am günstigsten anzubieten sind. Darüber hinaus werden die heute noch teureren Anbieter entweder vom Markt verschwinden oder Ihre Preise nach unten anpassen müssen, und dadurch wiederum weniger Gewinne erzielen.

Das Internet bietet in vielen Bereichen interessante Einsatzmöglichkeiten, so wie auch für das Marketing. Heutzutage hat das Internet sich zu einem wichtigen Marketinginstrument entwickelt. Es ergeben sich zum einen neue Marktchancen für Soft- und Hardwarehersteller, zum anderen ist es auch möglich, das Internet als Marketing-Mix (4Ps) in diversen Bereichen einzusetzen. Mit der vorliegenden Arbeit soll dies detailliert herausgearbeitet werden.

---

[1] Vgl. Versen (1999), S.1.

1.2 Zielsetzung und Aufbau der Arbeit

Das Ziel der vorliegenden Arbeit ist es, herauszufinden, ob und wie das Internet als Marketing-Mix (4Ps) eingesetzt werden kann.

Die Arbeit ist in insgesamt sechs Kapitel gegliedert. Das erste Kapitel bildet die Einleitung.

Im **zweiten Kapitel** soll zunächst der Begriff Internet kurz erläutert und definiert werden. Zu dem wird ein kurzer Überblick über die Geschichte und Entwicklung des Internet und seinen Aufbau und Funktionsweise, sowie deren verschiedenen Internetdiensten gegeben werden.

Im **dritten Kapitel** wird der Begriff Marketing definiert sowie werden die Marketing-Ziele und –Strategien im Internet näher erläutert und beschrieben.

Im **vierten Kapitel** werden zuerst die grundlegenden Begriffe der Marktforschung näher erläutert und gezeigt, wie mit Hilfe des Internet Marktforschung betrieben werden kann und welche Möglichkeiten das Internet für die Marktforschung bietet. Danach werden die klassischen Marketinginstrumente näher beschrieben, dabei soll bei jedem Instrument gezeigt werden, wie es durch das Internet beeinflusst wird. Zudem sollen Beispiele den Einsatz des Internet als Marketing-Mix (4Ps) näher illustrieren.

Im **fünften Kapitel** sollen die Chancen und Risiken durch den Einsatz des Internet als Marketing-Mix (4Ps) erläutert werden.

Das **sechste Kapitel** ist das Fazit und schließt die Arbeit mit einer Zusammenfassung der wichtigsten Ergebnisse und einem Ausblick ab.

2. Das Internet

2.1 Bedeutung des Internet

In der Literatur finden sich viele ähnliche Definitionen des Internet-Begriffes. Nachfolgend werden Definitionen von verschiedenen deutschen Autoren aufgeführt und miteinander verglichen:

Autoren	Definitionen
Alpar	Das Wort Internet ist aus dem Begriff Interconnected Net abgeleitet. Das Internet wird als ein weltweites Netzwerk mit grenzenloser informations- und Kommunikationsinfrastruktur bezeichnet, sowie auch als Netzwerk von Netzwerken (Metanetzwerk) oder als Zusammenballung der verschiedenen lokalen Netze, die durch den Einsatz eines gemeinsamen Protokolls jederzeit miteinander kommunizieren können.
Roll	Das Internet ist ein dezentraler Verbund von Computern, die über Standleitungen, Satellitenverbindungen oder auch Telefonwählverbindungen weltweit miteinander verbunden sind. Dadurch ist es möglich, Informationen von anderen Computern abzurufen, auf fremden Rechnern zu arbeiten oder Nachrichten an andere Teilnehmer zu verschicken.
Steinhaus	Das Internet ist ein weltweites Netzwerk und bestehend aus vielen Rechnernetzwerken. Es ermöglicht jedem Teilnehmer auf ein grenzenloses Archiv zurückzugreifen, und mit anderen Mitgliedern des Verbunds in Kontakt zu treten bzw. Daten und Informationen auszutauschen. Das Internet wird oft das „Netz der Netze" genannt. Es ist nicht strukturiert geplant, wie etwas lokale Netzwerke in Unternehmen. Das Internet (engl. Kunstwort aus „interconnected networks") ist vielmehr eine unübersichtliche Verbindung einzelner Rechner und vieler Rechnernetze.

Tabelle 1: Definitionen des Internet-Begriffes[2]

Fasst man diese Definitionen zusammen, dann wird die Übereinstimmung in folgenden Punkten deutlich:

- Der Begriff Internet stammt von den Wörtern **Inter**connected **Net**.
- Das Internet ist ein weltweites Netzwerk, bestehend aus vielen Rechnernetzwerken, die alle Daten und Informationen untereinander austauschen können (**Vgl. Abb.1**).

---

[2] Eigene Darstellung in Anlehnung an Alpar (1996), S.13; Roll (1996), S.11; Steinhaus (1998), S.11.

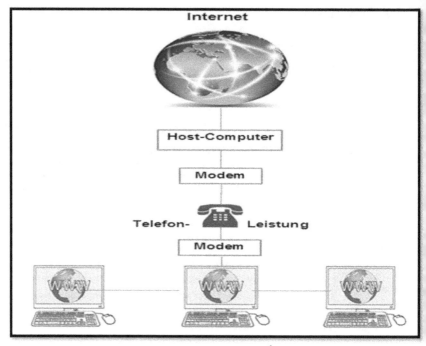

Abbildung 1: Das Internet[3]

Auf den vielen Rechnern im Internet finden Sie unzählige Informationen und Dienstleistungen, die entweder von kommerziellen Betreibern, staatlichen Einrichtungen oder engagierten Internet-Nutzern bereitgestellt werden.

Wie und aus welchen Motiven sich das Internet entwickelt hat, soll im nächsten Abschnitt aufgezeigt werden.

2.2 Geschichte und Entwicklung des Internet

Die Geschichte des Internet beginnt in den späten 60er Jahren in den USA. Die dem amerikanischen Verteidigungsministerium unterstellte ARPA „Advanced Research Projects Agency" subventionierte Entwicklungen im Bereich der Computervernetzung. Ziel war die anfällige zentralistische Netzwerkarchitektur durch ein dezentrales System mit vielen unabhängigen Querverbindungen zu ersetzen. Dadurch sollte ein Ausfall des nationalen Netzwerks verhindert werden und ein „Atombombensicheres" Netz erschaffen werden.[4]

---

[3] Eigene Darstellung in Anlehnung an Oenicke (1996), S.29; vom Verfasser weiterentwickelt.
[4] Vgl. Steinhaus (1998), S.14.

Im Jahr 1963 wurde das ARPA-NET installiert und verband zunächst vier Knotenrechner miteinander, die der University of California in Los Angeles (UCLA), dem Stanford Research Institute (SRI), der University of California in Santa Barbara (UCSB) und der University of Utah in Salt Lake City (UUSLC) gehörten.[5] Anfang der 70er Jahre wurde das Internet an die Universitäten zu Forschungszwecken weitergegeben. Bei den Wissenschaftlern stieß es auf reges Interesse. Da die Forscher auf internationalen Austausch angewiesen sind, war die neuartige E-Mail eine höchst willkommene Applikation. Daten und Informationen konnten in ungeahnter Geschwindigkeit um die Welt gehen. Hier liegt auch die Geburtsstunde des Betriebssystems Unix, das sich aus einer sogenannten Opensource, unter weltweiter Zusammenarbeit entwickelte.[6] 1971 umfasste Das ARPAnet schon mehr als 30 Knotenrechner.

Anfang der 80er Jahre adoptierte das sogenannte ARPA-NET die Internetprotokollfamilie TCP/IP. Damit setzte sich der Name Internet endgültige durch. Mitte der 1980er Jahre wurde das inzwischen gewachsene Netzwerk in das MILNET für militärische Zwecke und das ARPA-NET für zivile Nutzung getrennt. Im Jahr 1986 wurde die Top Level Domain bei DENIC „Deutsches Network Information Center" unter .de eingetragen, die erste deutsche Seite hieß Uni-dortmund.de.

Im Jahr 1989 wurde der bekannteste Teil des Internet bei der CERN in Genf durch den Engländer Tim Berners-Lee entwickelt, Ende 1990 waren die ersten Seiten, in HTML geschrieben und im Netz. Im Jahr 1992 entstanden die ersten Browser mit grafischer Benutzeroberfläche. Damit begann der Siegeszug des Internet auch im öffentlichen und privaten Bereich. Dadurch wurde das WWW auch für Nicht-Experten anwendbar. Seitdem kennt der Internet Boom keine Grenzen. Die Anzahl der Nutzer wächst Jahr für Jahr in atemberaubender Geschwindigkeit. Durch die Vergrößerung der übertragungsraten finden nun mehr und mehr multimediale Elemente Eingang in das Internet. Neben Bildern und Tönen können dann auch Filme direkt übertragen werden.[7]

Das Internet hat unsere Welt verändert. Wie es aussehen wird, das Internet 3.0, wird die Zukunft zeigen.

---

[5] Vgl. Fritz (2000), S.26.
[6] Vgl. BIR inform e.V. (2000): Geschichte und Entwicklung des Internet.
   Online: http://www.bir-inform.de/geschichte-entwicklung.html [Eingesehen am 10.11.2013].
[7] Vgl. BERUFSSCHULE WALS (BSWals). Westram. (o.J.): Geschichte des Internet von Michael Kauf.
   Online: http://www.bswals.at/pc/internet/inet/inet.htm [Eingesehen am 13.11.2013].

Besser noch kann man, sich die Entwicklung der Anzahl der mit dem Internet verbundenen Rechner(Hosts) anhand der folgenden Grafik (**siehe Vgl. Abb. 2**) veranschaulichen.

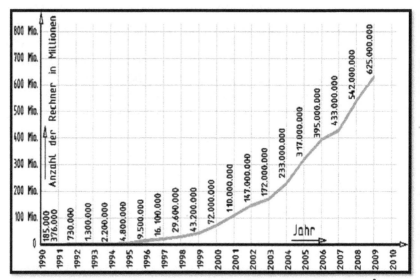

Abbildung 2 : Anzahl der Internet-Rechner (Hosts) von 1990 bis Heute[8]

Die **Abbildung 2** zeigt die Entwicklung der weltweiten Anzahl der Internet-Rechner (Hosts) seit dem Jahr 1990. Im Oktober 1990 waren 185.000 Computer weltweit registriert. Bis heute wuchs das Internet einer enormen Geschwindigkeit, so dass im Januar 2013 über 2,2 Mia. Hostrechner registriert wurden. Diese Entwicklung macht das Internet auch für Unternehmen interessant und deswegen stieg die Zahl der Firmen, die sich auf verschiedenste Weise im Internet engagieren, sehr stark und schnell an.[9]

Nachdem die Geschichte und Entwicklung des Internet erläutert wurde, soll im Folgenden kurz und vereinfacht der Aufbau und die Funktionsweise des Internet dargestellt werden.

2.3 Aufbau und Funktionsweise des Internet

Das Internet begann als kleines und überschaubares Forschungsnetzwerk zwischen einigen Universitäten. Es ist nicht einfach ein einheitliches Gebilde, sondern ein Zusammenschluss von verschiedensten Netzwerken und Datenverbindungen. Wie folgende Grafik (**Vgl. Abb. 3**) verdeutlicht.

---

[8] Abbildung 2 entnommen aus: BERUFSSCHULE WALS (BSWals).Westram. (o.J.): Geschichte des Internet von Michael Kauf. Online: http://www.bswals.at/pc/internet/inet/inet.htm [Eingesehen am 13.11.2013].
[9] Vgl. Lampe (1998). S.1.

6

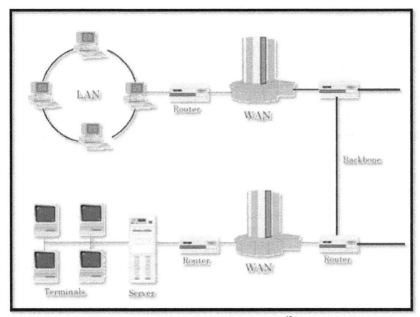

Abbildung 3: Aufbau des Internet[10]

Der Aufbau ist dabei hierarchisch gegliedert. Die unterste Ebene bilden die Local Area Networks (LANs). Ein solches LAN wird dann typischerweise über einen Rechner, normalerweise durch einen Router, mit der Außenwelt verbunden Die nächste Stufe sind Wide Area Networks (WANs), die wiederum durch Hochgeschwindigkeitsleitungen miteinander verbunden sind. Diese Leitungen bilden das "Informations-Rückgrat" (Backbone) des Internet.

Das Backbone besteht aus Systemen mit mehreren Datenverbindungen. Diese Systeme leiten Nachrichten der Randsysteme an die Empfängersysteme weiter. Der Großteil des Backbones besteht aus spezialisierten Vermittlungscomputern, den Routern. Diese werden von Telefongesellschaften und Internet Service Providern (ISP) betrieben.

Ein Router prüft anhand der Zieladresse einer Nachricht, ob er das Zielsystem sofort erreichen kann. Falls dies nicht der Fall ist, gibt der Router die Nachricht an einen Benachbarten Router weiter, der näher am Ziel liegt.[11]

---

[10] Abbildung 3 entnommen aus: FH Düsseldorf, Dönmez/Behrend (1997): Aufbau des Internet.
Online: http://swlab.et.fh-duesseldorf.de/pc_pool/lernmodule/dienste_internet/Snmp/aufbau.htm
[Eingesehen am 15.11.2013].
[11] Vgl. Sicher ins Netz, die IT-Sicherheit-CD (o.J.): Internet Grundlagen – Aufbau des Internet.
Online: http://www.hessen-it.de/sicherheit/inhalte/Grundlagen/Aufbau/index.html
[Eingesehen am 15.11.2013].

Das Internet basiert auf dem TCP/IP-Protokoll, das die technische Grundlage für jede Datenübertragung bildet, indem es die Daten in Pakete zerlegt und für die Übertragung dieser Pakete sorgt. Das TCP/IP-Protokoll bildet somit die Basis für Dienste im Internet (z.B.: WWW, E-Mail, FTP, etc...), welche zu einem großen Teil auf den „Client-Server-Prinzip" basieren. Auf dem Server (Anbieter) befinden sich Daten und Informationen, die vom Client (Nutzer) mittels des Internet abgerufen werden. Jedem dieser Dienste ist üblicherweise ein spezielles Internetprotokoll zugeordnet, welches die Grundlage für die Verständigung zwischen Client und Server bildet. Ein Beispiel hierfür ist das http-Protokoll (Hypertext Transport Protocol), welches für die Kommunikation zwischen dem Webserver und dem Clientseitigen WWW-Browser genutzt wird.[12]

Als Grundlage für dieses System wurde jeder Rechner, der am Internet angeschlossen ist, mit einer IP-Adresse versehen. Diese IP-Adresse besteht aus vier Zahlen zwischen 0 und 255, und auch insgesamt 12 Ziffern (z.B.: 132.210.175.125). Für die einfachere Auffindbarkeit von einzelnen Rechnern im Internet, wurde das DNS (Domain Name System) entwickelt. Hierbei wird jeder IP-Adresse ein alphanumerischer Domain-Name zugeordnet (z.B.: www.t-com.de).

Um Kommunikationspartner im WWW zu adressieren, wird die Internetadresse oder Webadresse des Kommunikationspartners, der sogenannte Uniform Resource Locator (URL), benötigt. Der URL ist eine Art Wegweiser für den Webbrowser, der es ihm ermöglicht, einen bestimmten Ort im WWW aufzufinden.

In der nachfolgenden Abbildung sind URL wie folgt aufgebaut:

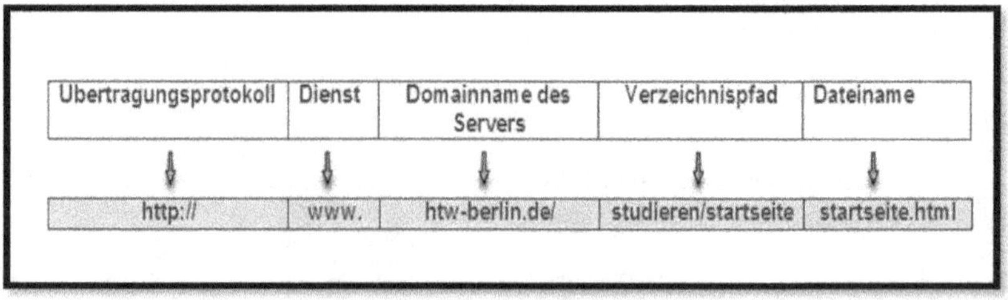

Übertragungsprotokoll	Dienst	Domainname des Servers	Verzeichnispfad	Dateiname
⇓	⇓	⇓	⇓	⇓
http://	www.	htw-berlin.de/	studieren/startseite	startseite.html

Abbildung 4: Aufbau von URLs[13]

Der URL besteht aus Angaben zu Protokoll, Server, Verzeichnis und Dokument (also Dateiname). Ein URL beginnt immer mit dem verwendeten Übertragungsprotokoll (z.B.: http, ftp), dann wird der Server genannt. Danach folgt der Verzeichnispfad und zum Schluss der Dateiname.

---

[12] Vgl. Berke (2004), S.9.
[13] Eigene Darstellung in Anlehnung an Berke (2004), S.9; vom Verfasser weiterentwickelt.

Nach dem eher technischen Teil über den Aufbau und die Funktionsweise des Internet, wird nun anhand der gebräuchlichsten Internet-Dienste (**Vgl. Abb.5**) kurz erläutert, welche Dienste das Internet bietet und wie es funktioniert. Dies soll im folgenden Abschnitt näher beleuchtet werden.

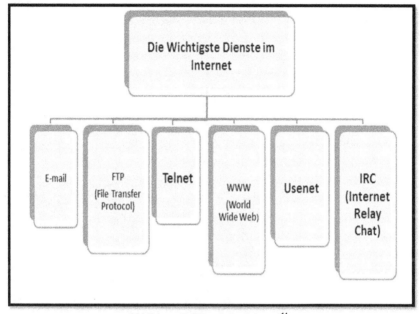

Abbildung 5: Dienste im Internet[14]

2.4   Die verschiedenen Internet-Dienste

Das Internet besteht aus verschiedenen Diensten, die auf verschiedenen Protokollen aufbauen. Die Wichtigsten Dienste werden im Folgenden beschrieben:

2.4.1   Telnet

Telnet ist einer der ältesten Dienste im Internet.[15] Es ermöglicht den Zugriff auf entfernte Programme, Daten sowie Hardware durch sog. „Remote Login"; es findet über eine Terminalsimulation statt.[16] Dieser Dienst wird vor allem für Datenbankrecherchen genutzt.

---

[14] Vom Verfasser selbst entwickelt.
[15] Vgl. Lamprecht (1996), S.32.
[16] Vgl. Versen (1999), S.16.

2.4.2 FTP

FTP steht für „File Transfer Protocol" und ist der Name eines Protokolls, sowohl aber auch eines Programms zum Übertragen von Dateien im Internet.[17] Dieser Internetdienst ermöglicht das Überspielen und Versenden von allen möglichen Daten, wie z.b.: Computerprogrammen, wissenschaftliche Texten, Literatur oder Musik. Dabei muss man FTP starten, sich mit dem Zielrechner verbinden und dort einloggen. Das geht aber nur, wenn man dort als Benutzer registriert ist oder der Zielrechner ein „Anonymus"-Login zulässt.[18] Für die Nutzung von FTP ist ein FTP-Client-Programm erforderlich. Die üblichen Web-browser unterstützen mittlerweile FTP für den Download.

2.4.3 E-Mail

Der am meisten genutzte Dienst des Internet ist die E-Mail „Electronic Mail". Via E-Mail kann man jedem anderen Internet-Nutzer Briefe schreiben oder Dateien zusenden. Besonders Firmen nutzen diesen kostengünstigen Service mit Steigender Tendenz.[19] Der Vorteil einer E-Mail ist, dass sie sehr schnell, günstig und recht zuverlässig versendet wird. Zum Beispiel: E-Mails brauchen meist nur wenige Minuten vom Sender zum Empfänger, egal ob einige wenige oder mehrere tausend Kilometer zwischen ihnen liegen.

2.4.4 WWW

Das World Wide Web Kurz WWW oder W3, ist der beliebteste & bekannteste Dienst des Internet und hat bei weitem am meisten zum Erfolg des Internet beigetragen. Das WWW ermöglicht es, Texte, Bilder, Musik, Videos und andere Dokumente auf einer Web-Seite, einem weltweiten Publikum zugänglich zu machen. Viele Unternehmen nutzen das WWW für Marketing und Vertrieb. Privatpersonen surfen im Web, um sich weiterzubilden, zur Unterhaltung oder zum Einkaufen. Das WWW arbeitet nach dem Prinzip von „Hypertext". Das "Hypertext Transfer Protocol" Kurz HTTP ist das dem World Wide Web zugrundeliegende Protokoll für die Übertragung von Informationen. Alle Hypertexte können über sogenannte Hyperlinks miteinander verbunden sein, die durch Mausklick ein schnelles Springen von einer Seite zur anderen ermöglichen, da hat den Begriff „surfen" geprägt.[20]

---

[17] Vgl. Berres (1997), S.39.
[18] Vgl. Steinhaus (1998), S.30.
[19] Vgl. Steinhaus (1998), S.30.
[20] Vgl. Paul-G. Orzessek Online (2005): Die Internet-Dienste. Online: http://www.paul-orzessek.de/grundkurs_internet/internetdienste.htm [Eingesehen am 16 .11.2013].

2.4.5 IRC

IRC „Internet Relay Chat" ist ein Mehrbenutzerdialog-System, in dem sich Menschen treffen, um miteinander zu kommunizieren. Um einer IRC-Kommunikation teilzunehmen, loggt sich der Benutzer mittels eines Clients in einen IRC-Server ein, wählt einen Namen aus „Pseudonym oder richtigen Namen" und nimmt dort an einem der laufenden Gespräche teil oder er öffnet ein neues Gesprächsthema.[21]

2.4.6 Usenet

Usenet Newsgroups (auch Usenet News, NetNews, Newsgroups oder News genannt) stellt ein Welt verbreitetes Diskussionsforum dar, da man sich als eine in verschiedenste Rubriken (Newsgroups) aufgeteilte „überdimensionale Pinnwand" vorstellen kann. Nachdem man sich in die jeweilige Newsgroup eingeloggt hat, kann man die einzelnen Diskussionsbeiträge durchlesen und eigene Beiträge hinzufügen.[22]

---

[21] Vgl. Alpar (1996), S.89.
[22] Vgl. Fritz (2000), S.41; Berke (2004), S.7.

3. Marketing

3.1 Bedeutung des Marketings

Um die Ziele und Strategien des Marketings im Internet zu betrachten und damit auch den Einfluss des Internets auf das Marketing, muss man zuerst verstehen, was Marketing eigentlich bedeutet.

Der Begriff „Marketing" leitet sich vom Stammbegriff „market" („Markt") ab.[23] Marketing bedeutet die Planung, Koordination und Kontrolle aller auf die aktuellen und potentiellen Märkte ausgerichteten Unternehmensaktivitäten. Durch eine dauerhafte Befriedigung der Kundenbedürfnisse sollen die Unternehmensziele erreicht werden.[24] Dabei werden als Marketing alle Aktivitäten zur Vermarktung von Gütern und Dienstleistungen sowie die damit verbundenen Transaktionen zwischen Anbietern und Abnehmern bezeichnet.[25]

Die Marketing-Instrumente sind dabei die Gesamtheit der unternehmerischen Aktions- bzw. Handlungsalternativen. Welche die Marktbeziehungen (Beschaffungs- wie Absatzmärkte) gestalten und der Realisierung des unternehmerischen Leistungsangebotes in den Märkten dienen.[26] Diese Instrumente werden als Marketing-Mix (4P's-Model) bezeichnet. Die 4P's stehen dabei für die Begriffe **Product, Price, Place, Promotion**. Im Folgenden (**Vgl. Abb.6**) wird das Modell veranschaulicht:

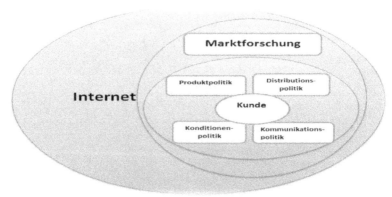

Abbildung 6: Einfluss des Internet auf das Marketing[27]

---

[23] Vgl. Fritz/Oelsnitz (2006), S.23.
[24] Vgl. Meffert (2000), S.8.
[25] Vgl. Kotler/Bliemel (1995), S.7.
[26] Vgl. Wehrli (1992), S.15.
[27] Eigene Darstellung in Anlehnung an Maurer (1997), S.3; vom Verfasser weiterentwickelt.

Dieses Modell beinhaltet die vier Haupt-Marketinginstrumente: Produktpolitik, Distributions-politik, Konditionenpolitik und Kommunikationspolitik, welche durch die Marktforschung be-einflusst werden. Im Zentrum der Marketingaktivitäten steht der Kunde. Im **Kapitel 4** wird gezeigt, wie das Internet Einfluss auf diese Instrumente nehmen kann.

Nach dem die Definition des Marketings, werden nun die Marketingziele und -Strategien im Internet näher erläutert. Das soll im folgenden Abschnitt näher aufgezeigt werden.

3.2 Marketing-Ziele im Internet

Die Marketingziele leiten sich aus den Unternehmenszielen ab und sind vom Unternehmen definierte Soll-zustände, die durch den Einsatz der absatzpolitischen Instrumente und des Marketing-Mix erreicht werden sollen.

Die Ziele von Unternehmen, welche mit dem Einsatz des Internet im Marketing erreicht wer-den sollen, können in Sachziele und Formalziele unterschieden werden. Während erstere das Sachliche Betätigungsfeld des Unternehmens bestimmen („Defining the Business"), be-ziehen sich letztere auf die allgemeinen Erfolgserwartungen (z.B. Umsatz, Gewinn) die an die unternehmerische Tätigkeit gerichtet sind („ Defining the Business Mission").[28]

Betrachtet man zunächst den Aspekt der Sachziele, so lässt sich feststellen, dass für viele Unternehmen das Internet ein neues Betätigungsfeld darstellt. Zum einen gibt es das Inter-net als New Business in Gestalt einer Vielzahl von Neugründungen bzw. Internet-Startups, wobei viele dieser Unternehmen ausschließlich ihr Geschäftsmodell auf dem Internet etab-liert haben. Zum anderen gibt es die Geschäftserweiterung bereits bestehender Unterneh-men um ein Internet-Engagement.[29]

Die **Formalziele** des Internet-Marketings können dabei in ökonomische und außerökonomi-sche Ziele unterschieden werden. Die außerökonomischen Ziele werden auch als psycholo-gische Ziele bezeichnet. Anhand der folgenden (**Vgl. Abb.7**) werden diese Ziele verdeutlicht:

---

[28] Vgl. Fritz/Oelsnitz (2006), S.109; Fritz (2000), S.96.
[29] Vgl. Fritz (2000), S.96.

13

Abbildung 7: Ökonomische und Psychologische Marketingziele[30]

Ökonomische Ziele wie z.B. Umsatz, Marktanteil, Gewinn, usw. streben die meisten Unternehmen mit ihrem Internet-Engagement nicht vorrangig an. Vielfach geht es derzeit darum, den Bekanntheitsgrad zu steigern und Kunden zu gewinnen. Aus diesem Grund spielen **außerökonomische Ziele,** wie z.B. Image, Kundenzufriedenheit, Kundenbindung und Bekanntheitsgrad, usw. im Internet-Marketing ebenfalls eine wichtige Rolle. Gemessen wird der Erreichungsgrad solcher Ziele teilweise an neuen Erfolgskriterien, etwa der Anzahl Besuche einer Website als Indikator für deren Reichweite (Reach) bzw. deren Bekanntheitsgrad. Allerdings wird an der Dominanz außerökonomische Ziele auch deutlich, dass das Internet-Marketing der meisten Unternehmen noch nicht Konsequent und umfassend im Zeichnen des E-Commerce steht.[31]

Zusammenfassend kann man sagen, die außerökonomischen Ziele des Internet-Marketings bestimmen am stärksten in allen Branchen, vor allem Ziele wie Imagesteigerung, Kompetenzausweis und Kundennähe. Aber klassische ökonomische Ziele, wie Umsatzsteigerung und Gewinnerzielung sowie Kosteneinsparung spielen eine geringere Rolle.

Nachdem die Marketingziele festgelegt worden sind, wird der Weg zur Erreichung der Ziele bestimmt. Dies erfolgt mit einer Marketingstrategie.

---

[30] Eigene Darstellung in Anlehnung an Bruhn (2010), S.26; vom Verfasser weiterentwickelt.
[31] Vgl. Fritz (2000), S.97.

3.3 Marketing-Strategien im Internet

Eine Marketingstrategie ist ein in der Konzeption des strategischen Marketings verankerter langfristiger und mehrdimensionaler Verhaltensplan, der in Form der Vorgabe von Handlungsbahnen und –Richtungen den auf die Marketingziele ausgerichteten Einsatz des Marketingmix sicherstellt.[32]

Die Marketing-Strategien umfassen alle Realisierungskonzepte zur Erreichung der aufgestellten Ziele unter Berücksichtigung der Marktsituation und den potentiellen Möglichkeiten auf Grund der personellen, technischen und finanziellen Unternehmensressourcen.[33]

Es gibt eine Anzahl von Marketingstrategien, die unterschiedlich systematisiert werden können. Sie können nach der Art der Marktbeeinflussung (Markteintritts), nach dem Grad der Marktbearbeitung sowie nach der Art des Wettbewerbs unterschieden werden.

Marketing-Strategien

Markteintrittsstrategien

Marktbearbeitungs- und Wettbewerbsstrategien

- Wahl der Institutionellen Markteintrittsform
- Wahl der Timing Strategie

- Kostenführerschaft vs. Differenzierung
- Marktsegmentierung vs. Marktindividualisierung
- Speed-Leader vs. Topical-Leader
- Kooperationsstrategie

Abbildung 8: Marketing-Strategien[34]

Im Folgenden werde ich auf zwei der genannten Marketingstrategien (**siehe Vgl. Abb. 8**) eingehen, um für diese zu klären, inwieweit das Internet bei der Verfolgung einzelner Strategien eingesetzt werden kann.

---

[32] Vgl. Haas (2001a), S.1016.
[33] Vgl. Berres (1997), S.204.
[34] Eigene Darstellung in Anlehnung an Fritz (2000), S.97–108; vom Verfasser weiterentwickelt.

Markteintrittsstrategien: Wenn Unternehmen ein New Business beginnen wollen und deshalb einen Eintritt in neue Märkte planen, müssen sie zunächst die in Betracht kommenden Zielmärkte analysieren und auswählen. Im Anschluss an diese Marktselektion bedarf es dann der Auswahl der institutionellen *Markteintrittsform* und der Bestimmung der *Timingstrategie* des Markteintritts. In der folgenden **Tabelle 2** bietet einen Überblick über die Formen des Markteintritts mit Hilfe des Internet.[35]

Markteintritt	eigenständig	kooperativ
Konventionell (Marketplace)	z.B. Unterstützung des traditionellen Exportgeschäfts durch internet-basierte Marktforschung	z.B. Unterstützung der Bildung strategischer Allianzen durch internetbasierte Marktforschung
Virtuell (Marketspace)	z.B. eigene Web-site; Einrichtung eines eigenen Online-Shops	z.B. Beteiligung an Cybermall; Mitwirkung an virtuellem Unternehmen

Tabelle 2: Formen des Markteintritts mit Hilfe des Internet[36]

Neben den Formen des Konventionellen Markteintritts ergeben sich auch neue Formen des Markteintritts mittels moderner Medien, unter denen das Internet die größte Bedeutung hat. Der internetbasierte Markteinstieg kann grundsätzlich zwei Modellen folgen: Im *Informations-Transaktions-Modell* beginnen die etablierten Unternehmen ergänzend im Internet z.B. Public-Relations zu betreiben und Produktinformationen anzubieten. Erst zu einem späteren Zeitpunkt nutzen sie das Internet zur Abwicklung von Transaktionen. Dagegen wollen neu gegründete Unternehmen, die ihre Geschäftätigkeit allein auf dem Internet aufbauen, von vornherein ihr Leistungsangebot nicht nur zu kommunizieren, sondern auch verkaufen. Ihr Markteinstieg folgt dem *Transaktions-Informations-Modell* an dessen Anfang die Konsequente Nutzung des Internet zu Zwecken des E-Commerce steht. Der unternehmerische Markteintritt kann dabei nicht nur in Eigenregie sondern auch in Kooperativer Form erfolgen. Neben den bisher angesprochenen Formen des internetbasierten Markteintritts kann die Nutzung des Internet auch die *Realisation konventioneller Formen des Markteintritts* unterstützen. Die Möglichkeiten reichen von der Bekanntmachung des Unternehmens durch Werbung und Public-Relations bis hin zur Pflege von Kundenbeziehungen über das Internet.

---

[35] Vgl. Fritz (2000), S.97–99.
[36] Eigene Darstellung in Anlehnung an Fritz (2000), S.99; vom Verfasser weiterentwickelt.

Von grundlegender Bedeutung für die Planung des Markteintritts sind neben der Wahl der institutionellen Markteintrittsform die Festlegung des Markteintrittszeitpunkts und der zeitlichen Reinfolge des Eintritts in einzelne Märkte (Timing-Strategie).der **Timing-Strategie** hat ein Unternehmen zunächst die Wahl zwischen einer *Führerstrategie* (Strategie des Marktersten bzw. Pionierstrategie) und einer *Folgerstrategie* (Strategie des frühen oder späten Folgers). Ein anderer Aspekt der Timing-Strategie betrifft die Festlegung der Reihenfolge des Markteintritts. Sollen alle Zielmärkte simultan betreten werden, so entspricht dies der Sprinklerstrategie. Im Gegensatz dazu werden bei der Wasserfallstrategie die Zielmärkte sukzessiv erschlossen.

Marktbearbeitungs- und Wettbewerbsstrategien: Die Planung einer Markteintrittsstrategie hängt in der Regel eng zusammen mit der für die Zielmärkte ins Auge gefassten Marktbearbeitungs- und Wettbewerbsstrategie. Unter diesem Aspekt ergeben sich in der Internet-Ökonomie zum Teil neue Perspektiven für das Marketing. So scheinen etwa die von Porter geforderten eindimensionalen Wettbewerbsstrategien: *Kostenführerschaft und Differenzierung* müssen neu überdacht und erweitert werden. Sie verlieren zwar nicht grundsätzlich ihre Gültigkeit.[37]

Häufig ergeben sich Wettbewerbssituationen, in denen synchron mehrere Wettbewerbsvorteile verfolgt werden müssen. Besonders der Zeitkomponente kommt dabei eine immer größere Bedeutung zu.[38]

Überdies ist der Gegensatz der Wettbewerbsstrategien nur noch begrenzt gültig. So sind durch den Einsatz des Internet z.B. Strategien der Leistungsindividualisierung selbst auf Massenmärkten möglich. Woraus folgt, dass eine auf Massenmärkten erzielbare Kosteneinsparung gleichzeitig mit einer Kundenindividuellen Differenzierung (One-to-One-Marketing) erreicht werden kann. Wettbewerbsvorteile ergeben sich somit nicht mehr allein aus möglichst niedrigen Kosten einerseits oder einer ausgeprägten Differenzierung andererseits, sondern vor allem aus der Kompetenz zur Individualisierung und Personalisierung von Angeboten.

Die Grundsätzlich gegebene Möglichkeit einer Strategie der Leistungsindividualisierung auf Massenmärkten relativiert die Bedeutung der bisher für das Marketing als zentral angesehenen Strategie der Marktsegmentierung. Marktsegmentierungsstrategien sind in der Internet-Ökonomie nach wie vor relevant und werden dort auch praktiziert.

---

[37] Vgl. Fritz (2000), S.103–104.
[38] Vgl. Meffert (2000), S.177.

So ergeben sich Ansatzpunkte für die Aufteilung von Märkten in homogene Zielgruppen von Kunden und für die darauf aufbauende differenzierte Ansprache der Marktsegmente bereits schon aus den Erkenntnissen über die Internet-Nutzer. Das Internet trägt somit prinzipiell dazu bei, die Unternehmen in die Lage zu vernetzen, ihr herkömmliches Zielgruppen- zu einem Zielpersonen-Marketing zu entwickeln.

Speziell für den Wettbewerb auf virtuellen Märkten, d.h. im Marketspace, werden zwei grundlegende Strategierichtungen zur Erzielung von Wettbewerbsvorteilen vorgeschlagen: die Strategie des Speed-Leader und die des Topical-Leader. Bei der Speed-Leader kommt es darauf an, den Nachfragern relevante Leistungen möglichst schnell anzubieten. Der Wettbewerbsvorteil, der im Marketspace angestrebt wird, besteht somit im zeitlichen Vorsprung der Informationsverfügbarkeit. Beim Topical-Leader steht das Angebot von Informationen einer besonderen Qualität im Mittelpunkt. Somit bilden Art und Inhalt der Information den möglichen Wettbewerbsvorteil.

Die Marktbearbeitungs- und Wettbewerbsstrategien in der Internet-Ökonomie bewegen sich nicht nur auf der Ebene der Leistungen und Märkte. So bilden sich auch internetbasierte kooperationsformen heraus, die der Marktbearbeitung dienen und zugleich auch im Zeichen des Wettbewerbs ganzer Unternehmensgruppen stehen können. Dazu zählen die schon vorhin erwähnten virtuellen Unternehmen und internetbasierte Business-Webs (**Vgl. Tabelle 2**). Beide kooperativen Marktbearbeitungsstrategien unterscheiden sich gegenüber konventionellen Joint Ventures und strategischen Allianzen u.a. durch ihre Informationstechnische und nicht hierarchische Koordination sowie durch ihre meist größere Flexibilität.[39]

Die folgende **Tabelle 3** fasst einige der wichtigsten Unterschiede zwischen den Marktbearbeitungs- und Wettbewerbsstrategien im herkömmlichen Marketplace und im internetbasierten Marketspace zusammen.

---

[39] Vgl. Fritz (2000), S.105–107.

Marktbearbeitungs- und Wettbewerbsstrategien	
Konventionell (Marketplace)	**Virtuell** (Marketspace)
a).Kostenführerschaft oder Differenzierung	a).Kostenführerschaft und Differenzierung
b).Massenmarktstrategie	b).Mass Customization
c).Marktsegmentierung/Zielgruppen-Marketing	c).Marktindividualisierung/Zielpersonen-Marketing
d).Cost-Leader oder Quality-Leader	d).Speed-Leader oder Topical Leader
e).Joint Venture, Strategische Allianz	e).Virtuelles Unternehmen, Business Web

Tabelle 3: Marktbearbeitungs- und Wettbewerbsstrategien im Marketplace (Mp) und Marketspace (Ms)[40]

Nach der Erläuterung der Grundlage des Internet, der Geschichte, dem Aufbau und der Funktionsweise sowie deren Dienste, und der Erläuterung der Grundlage des Marketings, dessen wichtigste Ziele und Strategien im Internet, möchte ich in diesem Kapitel aufzeigen, welche Möglichkeiten das Internet für die Marktforschung bietet und wie das Internet als Marketing-Mix (4Ps) eingesetzt werden kann. Bei jedem Instrument (**Vgl. Abb. 9**) soll gezeigt werden, wie es durch das Internet beeinflusst wird.

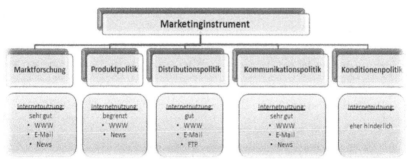

Abbildung 9: Einordnung in das Marketing-Mix (4Ps)[41]

---

[40] Eigene Darstellung in Anlehnung an Fritz (2000), S.99; vom Verfasser weiterentwickelt.
[41] Eigene Darstellung in Anlehnung an Roll (1996), S.45; vom Verfasser weiterentwickelt.

4. Einsatzmöglichkeiten des Internet als Marketing-Mix (4Ps)

4.1 Marktforschung im Internet

Bei der Festlegung des Marketingplans, der Entwicklung von Marketingstrategien und bei der Grundlage von Marketingentscheidungen bilden zumindest in größeren Unternehmen Informationen aus Marktforschung. Wie schon erwähnt, kann die Marktforschung als ein Spezialfall der Informationsbeschaffung aufgefasst werden.[42] Da das Internet in diesem Bereich interessante neue Möglichkeiten eröffnet, und da die Marktforschung von einiger Bedeutung für Unternehmen ist, möchte ich diese Möglichkeiten vorstellen und systematisieren.

Mit Hilfe der unterschiedlichen Diensten und Standards, die das Internet zur Verfügung stellt, sind mehreren Verfahren der Internet Marktforschung denkbar. Zunächst werden die Primärforschung und dann die Sekundärforschung angesprochen.

Unter Marktforschung wird ein systematischer Prozess der Gewinnung und Analyse von Daten für Marketingentscheidungen verstanden. Die Art der durch Marktforschung zu gewinnenden Informationen kann dabei wie folgt systematisiert werden:[43]

1. Informationen über die Umwelt: Diese betreffen sowohl Sachverhalte der Umwelt I (Nachfrager, Konkurrenten, Lieferanten, Absatzmittler) als auch Elemente der Umwelt II (Staat, Gesellschaft, allgemeine Öffentlichkeit).

2. Informationen über die verfügbaren Marketing-Instrumente und Strategieoptionen, mit denen Präferenzen bei Kunden geschaffen und dauerhafte Wettbewerbsvorteile erzielt werden sollen, sowie über den Erfolg entsprechender Maßnahmen entschieden werden soll.

3. Informationen über innerbetriebliche Sachverhalte: Dieser Aspekt ist z.B.: für die Bewertung der vorhandenen Ressourcen wichtig, die zur Durchführung von Marketing Aktivitäten zur Verfügung stehen.

Der Prozess der Marktforschung wird regelmäßig in fünf Phasen eingeteilt:[44]

- Definition und Klärung der Problems
- Design (Research Design/Anlage der Untersuchung)
- Datengewinnung
- Datenanalyse
- Dokumentation und Präsentation der Ergebnis

---

[42] Vgl. Lampe (1998), S.89–90.
[43] Vgl. Fritz/Oelsnitz (2006), S.89–90.
[44] Vgl. Lampe (1998), S.90.

Verschiedene Aspekte und Möglichkeiten des Internet wirken sich auf die einzelnen Phasen der Marktforschung aus. Anhand der folgenden (**Vgl. Abb.10**) wird ein Überblick über die Möglichkeiten der Marktforschung im Internet veranschaulicht.

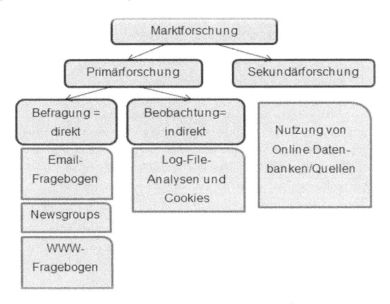

Abbildung 10: Internet und Marktforschung[45]

Hier möchte ich die einzelnen Formen etwas näher vorstellen.

1. Primärforschung

Unter Primärforschung (field research) versteht man die Erhebung von Daten an Ihrem „Entstehungsort", während die Auswertung bereits bestehender bzw. vorhandener, verdichteter Daten als Sekundärforschung (desk research) bezeichnet wird.[46] Es unterscheidet sich im Folgenden mit der Befragung und der Beobachtung, zwei Grundformen der Datenerhebung.

(1) Befragung

Die Befragung ist die weitverbreitetste und eine der wichtigsten Instrumente zur Informationsgewinnung im Marketing. Das Ziel besteht darin, ausgewählte Personen zu bestimmen, und sich über Sachverhalte Auskunft geben zu lassen.

---

[45] Eigene Darstellung in Anlehnung an Lampe (1998), S.91; vom Verfasser weiterentwickelt.
[46] Vgl. Lampe (1998), S.91.

Neben der schriftlichen, mündlichen und telefonischen Befragung gewinnt auch die Befragung über das Internet vermehrt an Bedeutung. Eine Befragung über das Internet kann:

- o per E-Mail
- o durch Einstellen von Fragebögen in Newsgroups
- o durch Einstellen von Fragebögen in das WWW

a) E-Mail-Fragebogen

Die Befragung per E-Mail, oder auch (Electronic Mail Survey) genannt. Im Netz können elektronische Fragebögen entworfen und an die E-Mail Adresse einer Person oder Firma geschickt werden. Diese Fragebögen entsprechen inhaltlich den herkömmlichen Papierfragebögen, stellen jedoch ein elektronisches Dokument dar. Der Empfänger wird gebeten, den Fragebogen auszufüllen und entweder ausgedruckt mit der Post, per Fax oder direkt per E-Mail zurückzusenden.[47] Diese Form hat eine Reihe von Vorteilen:

- Das Versenden der Fragebögen dauert nur Sekunden
- Die Übermittlung von Antworten und Rückfragen ist schneller
- E-Mail-Umfragen sind billiger als gewöhnliche Umfragen per Post
- E-Mails werden nur vom Empfänger gelesen.

Die Nachteile ergeben sich aus der mangelnden Sicherheit von E-Mails im Vergleich zu den Traditionellen Medien, außerdem ist es unmöglich, die Anonymität der E-Mail Antworten zu gewährleisten, da bei jeder Mail der Absender vermerkt ist. Die einzige Möglichkeit eine E-Mail anonym zu versenden, ist die Nutzung von sogenannten Remailern. Als Remailer bezeichnet man Mailserver die frei zugänglich sind und eingehende Mails einfach weiterleiten. Die Verwendung dieser freien Mailserver gestaltet sich jedoch als sehr schwierig und ist für einen durchschnittlichen Internet-User nicht zu empfehlen. Als weiterer Grund, die Möglichkeit der Remailer nicht zu nutzen ist die Tatsache, da sie durch ihre freie Zugänglichkeit massiv von Spammailern missbraucht werden.[48]

b) Umfragen in Newsgroups

Newsgroups, auch Diskussionsforen oder Internetforen genannt. In Newsgroups kann man zu einem bestimmten Themenbereich Textbeiträge in Form von Nachrichten, Artikeln oder Postings austauschen. Dieses Prinzip lässt sich mit dem Prinzip von Diskussionsforen vergleichen. Der Unterschied zwischen Newsgroups und Foren liegt aber nur in der Art des Zugriffs.

---

[47] Vgl. Lampe (1998), S.92.
[48] Vgl. Störmer/Schönberger (2011), S.3–4.

Der Zugriff auf Newsgroups erfolgt über sogenannte Newsreader (spezielles Computerprogramm Beispiel: Usenet Client) oder einem Webbrowser. Beispiel für Bekannte Newsgroups sind das Usenet, auf das man über Client zugreift oder das Google Groups, auf das man über einen Browser zugreift. Der Großteil der Newsgroups wird dabei in die neun größten Hierarchien geteilt. Diese lauten: talk.*, comp.*, misc.*, sci.*, soc.*, news.*, humanities.*, rec.*, alt.*.

Es gibt zwei Möglichkeiten, wie man den Fragebogen in Newsgroups zur Verfügung stellt:[49]

1. Man kann den Fragebogen als Datei an den Newsgroup- Server hängen und die Rückmeldung per Mail erfolgen lassen.
2. Man kann den Fragebogen auch per Link in einer Newsgroup posten.

c) WWW-Fragebogen

Diese Art der Befragung ist ebenfalls sehr bekannt und sehr zu empfehlen, daher wird sie auch am häufigsten genutzt. Ein Fragebogen, der als anwählbare Web-Page im WWW erreichbar sein soll, wird mit Hilfe der Seitenbeschreibungssprache HTML (Hyper Text Markup Language) erstellt. Durch die Unterstützung von Bild- oder Tondateien wird eine Gestaltung von Fragebögen möglich, die für den Befragten besser und einfacher zu handhaben sind, als zum Beispiel ein gedruckter Fragebogen. Es wird in zwei Varianten der WWW Umfrage unterschieden:

Allgemein zugängliche WWW Befragungen: Diese Art der Fragebögen ist allen Internet-Nutzer zugänglich. Die Partizipanten der Befragungen sind entweder durch Zufall beim „Surfen" darauf gestoßen, wurden durch Offline Medien oder Werbebanner darauf aufmerksam gemacht oder haben gezielt nach dem Fragebogen gesucht.

Pop-Up-Befragung im WWW: In dieser Art ist der Fragebogen nicht jedem Internet-Nutzer zugänglich, sondern es wird jedem ausgewählten Besucher einer Website ein Pop-Up-Fenster eingeblendet, das ihn zur Teilnahme an der Befragung auffordert.[50] Ist der Besucher bereit dazu kann er dem angezeigten Link folgen und den Fragenbogen ausfüllen. Falls er dies nicht möchte, kann er das Pop-Up-Fenster einfach wegklicken.

---

[49] Vgl. Störmer/Schönberger (2011), S.4.
[50] Vgl. Fritz/Oelsnitz (2006), S.97–98.

Zusammenfassend stellen sich nun folgende Vor- und Nachteile dar:

Vorteile:

- Schnelle Auswertung und günstige Durchführung.
- Aufbereitung der Fragebögen mit Bildern und Ton
- Niedrige variable Kosten
- Keine manuelle Eingabe der gewonnenen Daten mehr
- Hohe Grad an Anonymität, also Erhöhung der Ehrlichkeit der Antworten.

Nachteile:

- Teilnehmerschaft ist in der Regel gänzlich unbekannt.
- Hohe Repräsentativitätsprobleme.
- Gefahr von Selbstselektion der Internet-Nutzer, dieser Effekt wird bei der Pop-Up-Befragung im WWW abgeschwächt.

(2) Beobachtung

Die Beobachtung stellt neben der Befragung den zweiten Grundtypus der Datenerhebung dar. Unter Beobachtung wird im Allgemeinen die Erfassung von wahrnehmbaren Sachverhalten im Augenblick ihres Auftretens durch andere Personen verstanden.[51] Das Ziel von Internet-Beobachtung ist es, das Nutzungsverhalten von Internet-Usern nachzuvollziehen und zu analysieren. Z.B.: wie oft und wie lange eine Website besucht wurde oder welche Produkte in einem Online-shop gekauft werden. Hier geschieht die Analyse durch Cookies und Logfiles, diese beiden Methoden werden in den nachfolgenden Abschnitten genauer beschrieben.

a) Logfile- Analysen

Logfile-dateien zeichnen automatisch Informationen über den Austausch von Dateien zwischen Client (Internet-Nutzer) und Server auf. Ein Logfile informiert über Nutzungsgewohnheiten. Daten wie: „Betriebssystem, verwendeter Browser, IP-Nummer des Client-Rechners mit Angabe des Providers, Uhrzeit und Datum eines Homepage-Besuches, sowie die fünf letztgewählten Seiten (Hits, PageImpresions, Visits, Clickrate, Viewtime, ggf. Benutzername, etc.)" werden aufgezeichnet. Betrachtet werden sollte, dass ein Rechner von mehreren Personen genutzt werden kann und dadurch mehrere Personen unter der gleichen IP-Adresse laufen.

---

[51] Vgl. Fritz/Oelsnitz (2006), S.100.

b) Cookies

Cookies sind Dateipakete, die Informationen enthalten. Diese werden vom Nutzer gespeichert und sind durch den Serverbetreiber abrufbar. Durch Cookies können Informationen über die Nutzung der Website, den verwendeten Browser und IP-Nummer gesammelt werden. Diese Nutzung von Cookies ist von der rechtlichen Seite her fraglich.

2. Sekundärforschung

Die Nutzungsmöglichkeiten des Internet für Marktforschung betreffen neben der Primärforschung auch die Sekundärforschung. Als Sekundärforschung bezeichnet man den Versuch der Informationsgewinnung aus bereits vorhandenem Datenmaterial, welches nicht für die Konkret vorliegende Fragestellung erhoben wurde, aufbereitet, analysiert und untersucht wurde. Neben den zuvor geschilderten Anwendungen bei der Datenerhebung sind eine Vielzahl von Quellen zur Sekundärforschung im Internet erhältlich.[52] Diese Quellen unterscheiden bei der Sekundärforschung, einerseits zwischen internen Quellen, die sich ausschließlich auf Informationen aus dem eigenen Unternehmen abstützen, und externen Quellen, die Informationen unternehmensexterner Herkunft beinhalten.

Hier werden einige Beispiele für internen und externen Quellen im Folgenden **Tabelle.4** aufgelistet. Die Datenquellen können innerbetriebliche oder außerbetrieblicher Natur sein.

---

[52] Vgl. Lampe (1998), S.103.

Innerbetriebliche Datenquellen	Außerbetriebliche Datenquellen
• Intranet	• Internet-Suchmaschinen
• Kunden-Datenbanken, Data	(z.B.: Google, Yahoo)
-Warehouse	• Soziale Netzwerke auf dem Internet
• Unterlagen des Rechnungswesens	(z.B.: Facebook, YouTube, Twitter,
bzw. des Controllings (z.B.: Informa-	Firmenblogs, Marken-Communities,
tionen über Deckungsbeiträge, Ren-	Produktbewertungsportale)
tabilität; usw....)	• Amtliche Statistiken
• Verkaufs-Statistiken (z.B.:	• Veröffentlichungen von Verbanden
Absatz/Umsatz-statistiken, ABC-	• Nachschlagewerke und
Analysen)	Fachpublikationen
• Rapporte über Kundenbesuche	• Dokumentationen/Forschungsberichte
• Konkurrenzbeobachtungen bzw. –	von Hochschulen und Indust-
dokumentationen	rie/Dienstleistungsbetrieben
• Reklamationsstatistiken, Auswertun-	
gen von Hotline-Kontakten	
• Produktions- und Lagerstatistiken	
(z.B.: Kapazitätsauslastung, Lager-	
bestände)	
• Frühere Marktforschungsstudien	

Tabelle 4: Mögliche Quellen der Sekundärmarktforschung[53]

Die Vorteile der Sekundärforschung sind, dass sie Kostengünstiger und schneller als die Primärforschung ist. Ein weiterer Vorteil ist die Konkurrenzbeobachtung. Da Unternehmen sich zunehmend im Internet präsentieren, ist somit der Markt durchschaubarer und die Daten über die Konkurrenz einfacher aufzufinden.

Nachteilig ist möglicherweise mangelnde Aktivität der Daten, da diese in der Regel für andere allgemeine Zwecke erhoben wurden. Auch die Aussagefähigkeit bzw. Qualität der Daten kann, abhängig von ursprünglichem Zweck der Erhebung, Probleme bereiten.[54]

Zusammenfassend kann man sagen, die Internet-Marktforschung stellt mit ihren Möglichkeiten ein sehr interessantes Instrument der Informationsgewinnung für Unternehmen aus allen Branchen dar, wobei sie schnell, effektiv und kostengünstig ist.

---

[53] Eigene Darstellung in Anlehnung an Hofte-Frankhauser/ F.Wälty (2011), S.55; vom Verfasser weiterentwickelt.
[54] Vgl. Lampe (1998), S.103.

4.2 Produktpolitik im Internet

Die Produktpolitik umfasst alle Entscheidungstatbestände, die sich auf die marktgerechte Gestaltung aller vom Unternehmen im Absatzmarkt angebotenen Leistung beziehen.[55] Die Produktpolitik kann als „Herz des Marketing" bezeichnet werden.

Unter einem Produkt versteht man ganz allgemein ein Leistungsangebot eines Unternehmens, ein Produkt kann damit sowohl materielle als auch immaterielle Gestalt haben. Also nicht nur Sachleistungen, sondern auch Dienstleistungen, ja selbst Ideen können in diesem Sinne als Vermarktungsfähige Leistungen, also Produkte interpretiert werden.[56]

Der Begriff „Produktpolitik" wird meist eine Reihe von Teilpolitiken bzw. Instrumenten zusammengefasst. Die wichtigsten darunter sind die Produktgestaltung, die Sortimentsgestaltung bzw. Programmpolitik, die Verpackungspolitik und die Kundendienstpolitik sowie die Markenpolitik. Zur Systematisierung soll hier die folgende (**Vgl. Abb.11**) Einteilung dienen:

Abbildung 11: Die Instrumente der Produktpolitik[57]

4.2.1 Die gestaltungsbezogene Produktpolitik

Hier möchte ich kurz nur die wichtigste Produktgestaltung im Internet näher beschreiben.

---

[55] Vgl. Meffert (2000), S.327.
[56] Vgl. Fritz/Oelsnitz (2006), S.146.
[57] Eigene Darstellung in Anlehnung an Lampe (1998), S.185; vom Verfasser weiterentwickelt.

Design und Verpackung: Das Produktdesign und das Verpackungslayout kann an die Möglichkeiten und die Sehgewohnheiten des Internet bzw. seiner Nutzer angepasst werden. Auf die Verpackung von Produkten sollte die E-Mail- und die WWW-Adresse gedruckt werden, um über das Internet weitere Informationen bzw. Produkte vorzustellen. Die Bedeutung des Designs steigt im Zusammenhang mit den Webseiten, auf denen die Produkte und Informationen angeboten werden. Es gibt heute schon Zeitungen und Zeitschriften, welche eine aktuelle und spezielle Ausgabe ihres Produktes auf dem Internet anbieten.

Kundendienst: Der Kundendienst ist eine Sekundärdienstleistung, die wie andere Sekundärleistungen, neben der Imagepflege und der Erhöhung der Kundenzufriedenheit, den Absatz des Produktes fördern soll. Der Einfluss des Internet übt auch auf die Kundendienst- bzw. Servicepolitik aus. Über das Internet kann „Kundendienst" direkt und günstig Probleme einzelner Kunden lösen. Probleme, Fragen und Rückmeldungen von Kunden, z.B. in Newsgroups, in denen sich die Nutzer über Ihre Produkterfahrungen austauschen können, tragen zur Entlastung des Kundendienstes ebenso bei wie Listen mit häufig gestellten Fragen, den FAQs „Frequently Asked Question" und den dazugehörigen Antworten.[58]

Marken: Die Marke ist im Internet von großer Bedeutung. Man versteht darunter die Kennzeichnung eines Produktes mit einem speziellen Produktnamen, dem Firmennamen oder einem sonstigen Erkennungszeichnen also (Symbol).[59]

Im Internet bietet die Marke in gewisser Weise eine Orientierungshilfe bei der Auswahl der unzähligen Angebote im Netz. Die Bekanntheit einer Marke kann im Internet übernommen werden. Ein gutes Beispiel dafür ist die URL www.coca-cola.com, www.amazon.com, www.dell.com. Das Internet kann aber auch als ein Sprungbrett für weniger bekannte Marken fungieren.[60]

4.2.2 Die programmbezogene Produktpolitik

Unter der programmbezogene Produktpolitik wird die Entscheidung über das Absatzprogramm bzw. im Falle des Handels über das Angebotssortiment verstanden. Grundsätzlich wird zwischen der „Tiefe" und der „Breite" des Absatzprogrammes unterschieden:

- **Programmbreite:** Ein breites Programm umfasst viele Produktlinien bzw. Produktarten.

- **Programmtiefe:** Die Tiefe eines Angebots bestimmt die Anzahl einzelner Produkte oder Varianten innerhalb einer Produktart.

---

[58] Vgl. Lampe (1998), S.198.
[59] Vgl. Mauer (1997), S.15 ; Thommen (1992), S.280–281.
[60] Vgl. Lampe (1996), S.140.

Das Internet hat auf die Programm- und Sortimentspolitik einer Unternehmung nur einen sehr geringen oder indirekten Einfluss. Allerdings kann in Form eines virtuellen Einkaufsgeschäftes das Angebotssortiment unbegrenzt ausgedehnt werden, da im Grunde keine vergrößerte Ladenfläche und auch keine Lagerhaltung notwendig ist.[61]

4.2.3 Die prozessbezogene Produktpolitik

Die prozessbezogene Produktpolitik umfasst die grundlegenden Entscheidungen über die Entwicklung und Produktion neuer Waren und Dienstleistungen (Produktinnovation), die Veränderung bzw. Anpassung des Produkts an veränderte Bedingungen (Produktvariation bzw. Produktdifferenzierung) sowie die Eliminierung des Produkts.

Das Internet kann auf verschiedene Produkte unterschiedliche Einflüsse ausüben. Es lassen sich für alle vier Bereiche der prozessbezogenen Produktpolitik also Innovation, Variation, bzw. Differenzierung und Elimination Produkte und Dienstleistungen finden, bei denen die entsprechenden Entscheidungen durch das Internet beeinflusst werden. Das heißt es wird durch das Internet neue Produkte geschaffen, bestehende Produkte verändert oder angepasst und zukünftig möglicherweise einige Produkte durch das Internet vom Markt verdrängt.[62]

- **Neue Produkte und Dienstleistungen durch das Internet**

Unter der Produktinnovation kann man die Veränderung des Absatzprogrammes durch die Aufnahme neuer Produkte verstehen.

Die Frage ist, Wann ist ein neues Produkt eine Innovation? Für wen ist das Produkt neu? (für das Unternehmen, für die Branche, für den Kunden, usw.) und Welchen Neuheitsgrad weist das Produkt auf? Es ist nicht Einfach und nicht leicht, eine eindeutige Abgrenzung zwischen „echten" Innovationen und „Quasi-Innovationen" vorzunehmen.

Quasi-Innovation weisen einen geringeren Innovationgrad auf als echte Innovationen wie „Weltneuheiten". Produkte, die auf einem Markt veraltet sind, können in einem anderen Markt immer noch Innovationen darstellen. Das Internet selbst kann als eine echte Innovation angesehen werden. Zudem hat die Entwicklung des Internet eine Reihe von neuen Dienstleistungs-Produkten mit sich gebracht. Eines dieser Produkte ist die Bereitstellung eines Anschluss an das Internet durch die Internet-Provider, die kommerziell Netze betreiben, stellen eine neue Kategorie von Dienstleistungsunternehmen dar. Ihr Produkt bzw. ihre Leistung ist die Anbindung von Privaten und Organisationen an das Netz.[63]

---

[61] Vgl. Lampe (1998), S.199.
[62] Vgl. Lampe (1998), S.189.
[63] Vgl. Lampe (1998), S.190.

- **Veränderte Produkte durch das Internet**

Hier wird zwischen der Variation und der Differenzierung von Produkten unterschieden. Die Variation stellt eine Veränderung des ursprünglichen Produktes dar. Das Produkt in der alten Form wird nicht mehr vertrieben und tritt an seine Stelle das neue Produkt. Die Differenzierung dagegen beinhaltet die Einführung weiterer bzw. neuer Varianten des Produktes, die zum Ausgangsprodukt vertrieben werden. Die Variation und Differenzierung sind die Elemente, aus denen sich das Produkt zusammensetzt. Mit dem Internet wurde eine große Anzahl von Produkten im Informationsbereich verändert. Elektronische Zeitungen und Magazine sind Beispiele für die Differenzierung Produkte (**siehe Vgl. Abb. 12**), die durch das Internet an neue Bedingungen und Möglichkeiten und damit auch an Zielgruppen angepasst wurden. Gegenüber den gedruckten Versionen sind die virtuelle Versionen nicht nur aktueller, sondern sie sind auch interaktiv, z.B. Können Kritiken und Anregungen den Autoren sogleich mitgeteilt werden.[64]

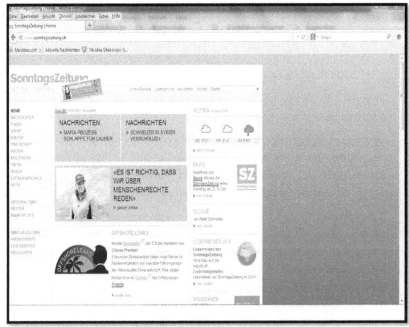

Abbildung 12: Produktdifferenzierung im Internet am Beispiel einer Zeitung[65]

---

[64] Vgl. Lampe (1998), S.191–192 ; Mauer (1997), S.17.
[65] Abbildung 12 entnommen aus: Tamedia AG, SonntagsZeitung (2013): Zeitung.
Online: http://wwww.sonntagszeitung.ch/ [Eingesehen am 30.10.2014].

- **Elimination von Produkten oder Dienstleistungen**

Die Elimination ist die Herausnahme von Produkten/Leistungen aus dem Produktionspro-gramm. Es wird z.b. notwendig, wenn diese Langfristig negative Deckungsbeiträge erzielen und mit Ihrer Produktion keine weiteren Vorteile (z.B. Image-, Prestige-, Verbund-, oder Pro-grammbreitenvorteile usw.) für das Unternehmen verbunden sind. Bislang sind nur wenige Produkte und Dienstleistungen, die vom Internet vollständig verdrängt wurden. Einzig zu er-wähnen wären einige Zeitschriften und Magazine, die einen Kleinen Leserkreis haben und deswegen relativ hohe Druckkosten. Diese Zeitschriften und Magazine können durch den Einsatz des Internet günstiger angeboten werden, als die gedruckte Ausgabe.[66]

4.3 Distributionspolitik im Internet

Die Distributionspolitik umfasst die Gesamtheit alle Entscheidungen und Handlungen im Zu-sammenhang mit der Übermittlung von Sach- und Dienstleitungen vom Hersteller bis zum Endabnehmer.[67] Dabei können nach der Art der distributionspolitischen Aufgaben zwei zent-rale Sub-systeme unterschieden werden: Die akquisitorische Distribution einerseits und phy-sische Distribution andererseits (**siehe Vgl. Abb. 13**).

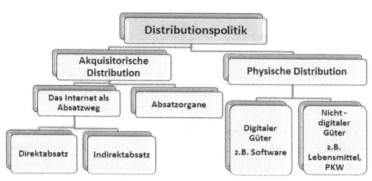

Abbildung 13: Die Instrumente der Distributionspolitik[68]

Die akquisitorische Distribution befasst sich mit der Wahl des Absatzweges und der Bestim-mung des Absatzorganes. Die logistische bzw. physische Distribution umfasst alle Aufgaben, die den Transfer der Güter vom Anbieter zu den Nachfragern betrifft, wie Transport, Lage-rung, usw. Im Folgenden wird untersucht, wie sich das Internet Einfluss auf die Absatzwege (Absatzkanäle), die physische Distribution der Güter und den persönlichen Verkauf auswirkt.

---

[66] Vgl. Lampe (1998), S.195–196; Mauer (1997), S.18.
[67] Vgl. Meffert (2000),S.600.
[68] Vom Verfasser selbst entwickelt.

4.3.1 Akquisitorische Distribution

4.3.1.1 Absatzwege

Der Absatzweg oder auch Absatzkanal genannt, umfasst die Abfolge von Institutionen, welche eine Ware bzw. Dienstleistung vom Hersteller zum Verbraucher (Käufer) physisch bzw. dispositiv durchläuft

Das Internet als Absatzweg kann sowohl beim direkten Absatz (Direkt Vertrieb) als auch beim indirekten Absatz (Indirekt Vertrieb) genutzt werden. Der Unterschied zwischen direktem und Indirektem Absatz wird zunächst anhand der folgenden (**Vgl. Abb. 14**) veranschaulicht.

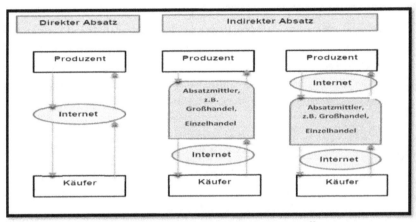

Abbildung 14: Direkter und indirekter Absatz[69]

Im Fall des direkten Absatzes eröffnet der Hersteller eines Produktes bzw. der Anbieter eine Dienstleistung eine „virtuelle Filiale" bzw. Verkaufsniederlassung im Internet. Beim indirekten Absatz über das Internet tritt der Handel in Form des Groß- bzw. Einzelhandels oder in Form von Handelsvermittlern.

Das Internet stellt für das Unternehmen grundsätzlich einen neuen Absatzkanal dar, der z.B. für den Direktvertrieb von Software genutzt werden kann. Aber auch Computerhersteller, wie z.B. Dell und Amazon, haben erfolgreich einen internetgestützten Direktvertrieb installiert. Daneben kann das Internet in Verschiedene Weise im Rahmen eines indirekten Absatzes genutzt werden. So können zum Beispiel Absatzmittler das Internet nutzen, um ihren Kunden eine zusätzliche Bestellmöglichkeiten zu bieten oder neue Versandhandelsfunktionen zu übernehmen (z.B. die Drogeriemarktkette Schlecker). Von der Beschaffungsseitig können

---

[69] Eigene Darstellung in Anlehnung an Lampe (1998), S.251; vom Verfasser weiterentwickelt.

Absatzmittler einen elektronischen Markplatz zu errichten, über den sie weltweit Angebote einholen und Ihre Einkäufe tätigen können. (z.B. Metro, Carrefour, etc.). Das Internet kann auch auf mehreren Stufen des Absatzkanals gleichzeitig in die Güterübertragung eingeschaltet werden, so z.b. auf der Groß- und Einzelhandelsstufe.[70]

Die Nutzung des Internet als Absatzkanal für Hersteller materielle, nicht digitaler Waren erfordert den Einstieg in den Versandhandel und die Schaffung entsprechender Kapazität für den Kundenbetreuung und Warenlogistik.

Aufgrund der dadurch entstehenden Kosten und unter dem Aspekt, dass zumindest die Großbetriebe des Groß- und Einzelhandels mit elektronischen Einkaufszentren bzw. Cybermalls im Internet vertreten sind (z.b. Metro-Online AG, Karstadt-Quelle-New Media AG)[71], wird die Nutzung des Internet als zusätzlicher direkter Absatzkanal für viele Hersteller häufig uninteressant.[72]

4.3.1.2 Absatzorgane

Als Absatzorgane werden Institutionen und Personen bezeichnet, die am Absatz bzw. am Verkauf von Produkten helfend beteiligt sind. Beim direkten und indirekten Absatzweg stehen verschiedene Formen von Distributionsorganen und Distributionsorganisationen zur Verfügung. Grundsätzlich werden zwischen Unternehmenseigenen und Unternehmensfremden Absatzorgane unterschieden. Zu diesen Organen Zählen insbesondere die Geschäftsleistung, die Niederlassungen, die Reisende, Online Verkauf, der Groß- und Einzelhandel, die Vertragshändler, die Franchising, die Makler, die Handelsvertreter, die Kommissionäre.

4.3.2 Physische Distribution

Die Aufgabe der physischen Distribution ist die Überbrückung von Raum und Zeit durch Transport und Lagerung von Waren, um das richtige Produkt zur gewünschten Zeit in der richtigen Menge und Qualität an den gewünschten Ort zu bringen. Hier spricht man auch von Warenlogistik. Im Rahmen der Warenlogistik werden folgende Aspekte behandelt: Transportmittel und Transportwege, Lagerhaltungsentscheidungen sowie Standortentscheidungen.[73]

Im Bereich der Distribution müssen digitalisierbare und nicht digitalisierbare Waren und Dienstleistungen unterschieden werden (**Siehe Vgl. Abb. 15**).

---

[70] Vgl. Fritz (2000), S.135.
[71] Vgl. Fritz (2000), S.137.
[72] Vgl. Lampe (1998), S. 250.
[73] Vgl. Lampe (1998), S.265.

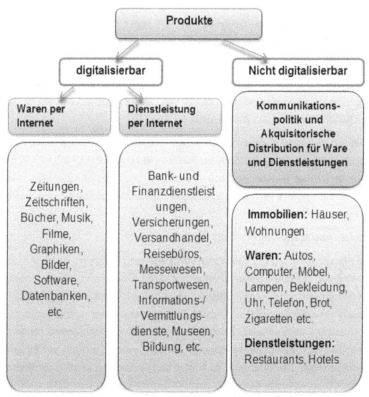

Abbildung 15: Produkte im Internet[74]

Bei digitalen Produkten können alle logistischen Prozesse über das Internet ablaufen. Fast viele Computerprogramme sind im Internet abrufbar. Beispiele dafür sind Software (z.B. Updates, Shareware, Freeware, Spiele), digitale Bücher und Online-Zeitungen sowie Audio und Videodatein (z.B. Filme, Musik). Auch Dienstleistungen wie z.B. Buchungen und Reservierungen, Bestellungen. Bei nicht digitalisierbaren Produkten sind z.B. Lebensmittel, PKWs müssen natürlich konventionell physisch distribuiert werden So kann auch mit dem Internet der die Güterflüsse begleitende Informationsfluss unterstützt werden. Das Internet ist für solche Güter sowohl Transportmittel als auch Transportweg.[75]

---

[74] Eigene Darstellung in Anlehnung an Lampe (1998), S.188; vom Verfasser weiterentwickelt.
[75] Vgl. Lampe (1998), S.265.

Der physische Standort des Anbieters und die physische Präsenz des Nachfragers verlieren im Internet an Bedeutung.[76] Dabei muss das Produkt nicht direkt zum Kunden übertragen werden.

Beim Handel mit digitalen Produkten ergibt sich für die Unternehmung der Vorteil, dass diese Waren nur einmal produziert bzw. entwickelt werden. Danach erfolgt keine erneute Produktion weiterer Einheiten, sondern weiterer Exemplare werden als Kopie des ersten Exemplars gewonnen. Der Schutz der Urheberrechte nimmt deshalb immer eine wichtigere Position ein.[77]

4.3.3 Persönliche Verkauf

Das Internet erlaubt keine Face-to-Face-Kommunikation zwischen Verkäufern und Käufern, von der bisher nur wenig genutzten Internet-Phone einmal abgesehen. Trotzdem ist das Internet für den persönlichen Verkauf von Bedeutung.

Das Internet kann in verschiedener Hinsicht zur Verkaufsunterstützung eingesetzt werden. So können z.B. Verkäufer aktuelle Informationen über die Verfügbarkeit von Produkten über das Internet abrufen oder diese vor der Bestellung individuell nach Kundenwunsch über das Internet konfigurieren. Bei fortschrittlichen Unternehmen wird der persönliche Verkauf schon seit Jahren mit Hilfe von Computern unterstützt und die Verkäufer wurden mit tragbaren PCs ausgestattet. Mit dem Zugang zum Internet erhält der Verkäufer die Möglichkeit, mit Kunden, die einen Internet-Anschluss haben, intensiver kommunizieren zu können. Dadurch ist der Verkäufer in der Lage, den Kundenkontakt besser zu pflegen und schneller auf Kundenanfrage per Email antworten. Er kann z.B. aktuelle und ausführliche Informationen über Konkurrenzprodukte abrufen oder diskussionsgruppen beobachten, an denen seine Kunden teilnehmen. Dies erlaubt ihm es, sich wesentlich besser als bisher auf den nächsten Kundenbesuch einzustellen.[78]

Neben der Unterstützung des Traditionellen Verkaufs ergeben sich im Internet neue Möglichkeiten mittels virtueller Kundenberater oder Verkäufer. Diese oft in Gestalt von virtuellen Personen, begleiten den Kunden auf der Website und helfen ihm bei der Navigation und der Produktsuche.

---

[76] Vgl. Fritz (2004), S.251.
[77] Vgl. Lampe (1998), S.266.
[78] Vgl. Fritz (2000), S.143.

4.4 Kommunikationspolitik im Internet

Unter dem Begriff Kommunikationspolitik wird die Gestaltung der auf den Markt gerichteten Informationen eines Unternehmens verstanden. Die Kommunikationspolitik stellt eines der wichtigsten Einsatzfelder des Internet im Marketing dar. Im Rahmen des Abschnittes Kommunikationspolitik (**Vgl. Abb.16**) sollen vor allem die Teilbereiche Public Relations, Werbung, Verkaufsförderung und Sponsoring genauer betrachtet werden.

Abbildung 16: Die Instrumente der Kommunikationspoltik[79]

4.4.1 Public Relations

Die Public Relations werden auch als Öffentlichkeitsarbeit bezeichnet. Es umfasst Maßnahmen, die dazu dienen ein Positives Bild der eigenen Organisationen an der Öffentlichkeit zu vermitteln. Die Aufgabe der Public Relations ist die „Profilierung und Vertrauensbildung eines Unternehmens"[80] und für solche Aufgaben der Öffentlichkeitsarbeit für Unternehmen kann das Internet gut eingesetzt werden. Alle Informationen, die von Unternehmen Kostenlos in das Internet gestellt werden, sind in Hohem Maße den Public Relations zuzuordnen. Hier ganz konkret gehören hierzu allgemeinen Unternehmensnachrichten, Geschäfts- und Umweltberichten, Reden und Vorträge, elektronische Pressmappen mit vorbereiteten Texten im Internet sowie die Beantwortung von Anfragen von Redakteuren via Email. Im Prinzip kann das E-Mail in der Öffentlichkeitsarbeit genutzt werden, die persönliche Beantwortung von Nachrichten dürfte jedoch zu zeitintensiv und damit kostspielig sein. Die Kosten kann man begrenzen, wenn man Das Programme „Autoresponder" für die Automatische Beantwortung von Nachrichten einsetzt Neben dem WWW und dem E-Mail Dienst können für Zwecke der Öffentlichkeitsarbeit auch Chat (IRC) eingesetzt werden, beispielsweise als Gesprächsrunden im Internet unter Beteilugung von Unternehmenssprechern, Politikern, Wissenschaftlern, usw.[81]

---

[79] Vom Verfasser selbst entwickelt.
[80] Vgl. Becker (2006), S.640.
[81] Vgl. Fritz (2000), S.129.

4.4.2 Werbung

Unter Werbung versteht man die zielorientierte Informationen und Beeinflussung von Personen mit Hilfe bestimmter Werbemittel. Dabei läuft Werbung nach folgendem Schema[82] ab:

> ➢ **Wer** (Unternehmen, Werbetreibender)
> ➢ **sagt was** (Werbebotschaft, Message)
> ➢ **unter welchen Bedingungen** (Situation)
> ➢ **über welche Kanäle** (Medien, Werbeträger)
> ➢ **zu wem** (Zielperson, Zielgruppe)
> ➢ **mit welcher Wirkung** (Werbeerfolg)?

Grundsätzlich kann Werbung in zwei Grundformen unterteilt werden:

* **Media-Werbung:** Werbung in klassischen Massenmedien, die auf den „anonymen Markt" zielt.
* **Direkt-Werbung:** Werbung, die sich direkt an ausgewählte Zielpersonen wendet.

Durch das Internet werden beide Formen der Werbung in mehrfach Weise erweitert. Mit seiner zunehmenden Verbreitung wird das Internet immer stärker zu einem Massenmedium erreicht. Durch die Interaktivität des Mediums und den Einsatz sogenannter Ad-Server – Technologien für automatisiertes Anzeigen-Platzierungssystem bietet das Internet der Möglichkeit einer starke Individualisierung und Personalisierung des Kommunikationsinhalts. In diesem Zusammenhang wird die Werbung im Internet als eine Form der „individualisierbaren Massenkommunikation" bezeichnet.[83]

Auch in der Direkt-Werbung geht es um die individuelle Ansprache von Personen. Diese kann durch Werbung in direkten Medien (z.B. Werbebriefe, Telefon, usw.), und durch Werbung in Massenmedien mit Rückantwortmöglichkeit (z.B. Direct-Response-Werbung in Fernsehen) realisiert werden.

Das Internet erweitert diese Möglichkeiten, um die Werbung interaktiv zu gestalten, und so finden sich im Internet sowohl textbasierte Form (via E-Mail, Newsgroups) als auch multimediabasierte Form (via WWW).

---

[82] Vgl. Conrady/Jaspersen/Pepels (2002), S.94.
[83] Vgl. Becker (2006), S.639.

Abbildung 17: Werbemittel im WWW[84]

Die Werbung im Internet unterscheidet sich von Klassischer Werbung vor allem durch eine Reihe neuer **Werbemittel (Siehe Vgl. Abb. 17)**. Dazu zählt zunächst die Unternehmenswebsite (Corporate Site), die durchaus auch als Werbeträger angesehen werden kann, da sie als Unternehmenspräsentation im Internet fungiert. Mit der **Corporate Site** möchte sich das Unternehmen als Ganzes im Wettbewerb profilieren und für die Kunden attraktiv machen. Solche Corporate Site dienen meist sowohl der Unternehmenswerbung als auch der Befriedigung von Informationsinteressen der allgemeinen Öffentlichkeit und können auch als Instrumente der Public Relation angesehen werden. Im Dienste der Produktpräsentation stehen dagegen **Marketing Sites,** über die vielfach ein Verkauf der Produkte erreicht werden soll. Empirische Untersuchungen der Web-Sites deutscher Unternehmen zeigen übereinstimmend, dass der Internet-Auftritt in erster Linie als Informationsangebot gestaltet ist, wobei der Schwerpunkt sehr viel stärker auf der Produktinformation als auf der Unternehmensinformation liegt. In erst geringem Maß sind die Web-Sites verkaufsorientiert gestaltet, d.h. in nur wenigen Fällen kann der Kunde die Leistungen des Unternehmens über das Internet bestellen. Eine Ausnahme davon bilden nur wenige Branchen, wie z.B. der Tourismus. Neben diesem inhaltlichen Aspekt zeigen die empirischen Untersuchungen aber auch Defizite in der formalen Gestaltung der Web-Sites, etwa hinsichtlich der Übersichtlichkeit, der Benutzerführung und der Einheitlichkeit des Layouts.[85]

---

[84] Eigene Darstellung in Anlehnung an Fritz (2004), S.221; vom Verfasser weiterentwickelt.
[85] Vgl. Fritz (2000), S.122; Becker (2006), S.639–640.

Für die **Gestaltung einer guten Web-Site** sind folgende Kriterien (**siehe Vgl. Abb. 18**) zu beachten:

Design: Angemessenheit des Umfangs und der Qualität des geschriebenen Textes und fotographischer Darstellungen für die Zielgruppen der Web-Site; Ausgewogenheit des Verhältnisses von Text und Bild sowie der Hintergrundfarben, insbesondere unter dem Gesichtspunkt der Lesbarkeit des Textes und der Attraktivität der Web-Site;

Inhalt: Angemessenheit von Umfangs und Qualität des geschriebenen Textes und Anpassung an das Web-Format; Informationsinhalt (Unternehmen, Produkte, Stellenangebote); ansprechende Informationsgestaltung und leichte Zugänglichkeit; angemessener, aber nicht zu hoher Anteil an Unterhaltung; Verkaufsorientierung (E-Business-Readiness);

Dialogorientierung: Interaktionsmöglichkeiten für den Benutzer; Frage-Antwort-Links; Response-Offerten: hat der Benutzer genug Möglichkeiten, um mit dem Unternehmen zu interagieren, und wird er dazu motiviert?

Ergonomie: Unkomplizierte Navigation auf den WWW-Seiten; Benutzerfreundlichkeit und Übersichtlichkeit der Web-Site;

Zielgruppenorientierung: Angemessenheit von Inhalt und Design der Web-Seiten für Kunden (Privat- oder Geschäftskunden), Investoren, Stellensuchende, Anteilseigner etc.

Abbildung 18: Gestaltungskriterien für Web-Sites [86]

Web-Seites Können nicht nur als spezielles Werbemittel im Internet eingesetzt werden, sondern auch als Webeträger für webspezifische Webeformen (wie z.b. Werbebutton, Werbebanner oder Werbeframe) genutzt werden. Ein **Werbebutton** stellt eine Kleine, häufig interaktive Werbefläche in der Mitte oder am unteren Rand fremder Webseiten dar, die nur den Namen eines Unternehmens oder eines Produkts enthält (Die **Abb. 19** zeigt ein Beispiel von Werbebutton).

---

[86] Eigene Darstellung in Anlehnung an Fritz (2000), S.122; vom Verfasser weiterentwickelt.

Ein **Werbebanner** ist eine Größere, schmale und rechteckige interaktive Werbefläche am Oberen Rand einer fremden Webseite. Banner sind anklickbar das heißt der Nutzer kann mit einem Klick auf das Banner die Startseite des Internet-Angebots des Werbetreibenden erreichen. Banner existieren in unterschiedliche Größen (Die **Abb.20** zeigt ein Beispiel von Werbebanner).

Ein **Werbeframe** ist eine Größere, rechteckige interaktive Werbeflächen am Rand einer Fremden Webseite, die z.B. mehrere Werbebutton bzw. Werbebanner enthalten (Die **Abb.19** zeigt ein Beispiel von Werbeframe).

Werbebutton

Abbildung 19: Werbebutton und Werbeframe[87]

Werbeframe

Werbebutton

---

[87] Abbildung19 entnommen aus: Fritz (2000), S.125.

Werbebanner

Abbildung 20: Werbebanner[88]

Der Vorteil von Bannern liegt in der direkten Kommunikation mit dem Interessanten und der Möglichkeit für den Konsumenten ohne jeglichen Medienbruch direkt ein Angebot wahrzunehmen. Des Weiteren haben Untersuchungen im Hinblick auf die Wirkung der Bannerwerbung ergeben, dass der Einsatz von Bannern eine Steigerung der Werbeerinnerung bei einer umworbenen Marke auslöst. **Pop-Up-Ads und Rich-Media-Banner** können ebenfalls als eine Weiterentwicklung herkömmlicher Banner verstanden werden und zielen auf einen höheren Informationswert und Unterhaltungswert ab, da sich im Bannerformat kurze Videos und 3d-Welten abspielen bzw. präsentieren lassen. Eine weitere variante sind **Nano-Sites** oder **Micro-Sites**, die als schwebendes Zusatzfenster vorkommen können. Hierbei wird auf der Werbefläche eine kleine, komplett funktionsfähige Web-Site eingeblendet, bzw. dem Werbetreibenden erlaubt einen Minishop auf einem Banner anzubieten. Einen erhöhten Informationswert haben sog. **Tickers** oder **Realtime-Banner**, bei denen aktuelle Nachrichten (z.B. Börsenkurse) als Tickertext auf das Banner übertragen werden.[89]

---

[88] Abbildung 20 entnommen aus: Fritz (2000), S.124.
[89] Vgl. Fritz (2000), S.123.

Unternehmen gehen verstärkt dazu über, statt einzelne Werbebanner zu schalten, sich an sog. **Partner-Programmen** oder **Affiliate-Programmen** zu beteiligen. Dazu bieten sie ihre Buttons und Banner gemeinsam auf speziellen Plattformen an, von denen die Surfer sie sich herunterladen können. Der Betreiber erhält einer solchen kooperativen Werbeplattform (z.B. Be Free, Commission Junction, Trade Doubler, Vitrado) für die Clicks der Surfer und für dadurch vermittelte Online-Käufe eine Provision. Noch eine Alternative bietet die klassische **Kooperationswerbung** im Internet, bei der Unternehmen vereinbaren, wechselseitig Werbebanner auf ihren Web-Seiten zu platzieren. Aufgrund der damit verbundenen Kostenvorteile ist diese Form der Internet-Werbung in der Praxis beliebt.[90]

In weiteren Formen der Internet-Werbung tritt Push Charakter hervor. Hierzu zählt die **Surf-for-pay-werbung** bzw. **Activity-Response-Werbung** bei der Internet-Nutzer gegen Bezahlung die Einblendung zusätzlicher Werbefenster akzeptieren, die sogar ihrem jeweiligen Surf-Verhalten angepasst; das heißt auf den von ihnen bevorzugt aufgerufenen Websites platziert werden können. Eine andere Form der Push-Werbung sind **Interstitials (Ad Breaks)**. Diese ist einer Werbeunterbrechung, wie sie aus dem Privatfernsehen bekannt ist. Der Nutzer muss in bestimmten Zeitintervallen oder Nutzungsintervallen eine Komplette Werbeseite konsumieren, z.B. als Gegenleistung für einen Kostenlosen Internet-Zugang oder einen Free-Space für die eigene Website. Die Interstitials enthalten animierte Grafiken, Videos und Ton, die sie als **Superstitials** bezeichnet werden. Durch einen Klick auf das Interstitial bzw. Superstitials oder automatisch nach Ablauf einer definierten Zeit verschwindet die Werbung und die Seite wird wieder aufgerufen. Das ist ähnlich wie Interstitials funktionieren auch Road-Blocks. Dies sind Anzeigen in voller Bildschirmgröße, die der Nutzer passieren muss, um auf den anderen Seiten zu gelangen. Im WWW gibt es sog. **Push Channels** bzw. **Web-Casting-Dienste**, die dem Nutzer nicht bestellte Werbung liefern. Dazu zählen Anbieter wie PointCash und BackWeb, die ihren Abonnenten kostenlose Nachrichten anbieten, welche zusammen mit Werbung bereitgestellt werden. Die Werbung wird z.B. in Form von Laufenden Untertiteln während einer Online-Sitzung eingeblendet oder sie erscheint als Bildschirmschoner. Allerdings kann sich der WWW-Nutzer auch gegen unbestellte Werbung im WWW wehren, indem er Werkzeuge einsetzt, die Werbung erkennen und ausblenden (z.B. Naviscope, WebWasher, Adstop).[91]

Eine Möglichkeit der Internet-Nutzer stellt grundsätzlich die **Werbung mittels E-Mail** dar, so können auf elektronischem Weg Mailings mit Werbeinhalt an einzelne Nutzer oder per Verteilerliste an viele Nutzer gesandt werden, deren Adressen bekannt sind oder von einem

---

[90] Vgl. Fritz (2000), S.123.
[91] Vgl. Fritz (2000), S.124–126.

Adressverlag gekauft werden können Darüber hinaus existieren spezialisierte Agenturen, die die Verteilung von E-Mails an eine Vielzahl von Internet-Nutzer garantieren.[92]

In dieser Hinsicht bilden Die Webseiten der bekannten Suchmaschinen, Portale, Online-Dienste, und Online-Magazine bzw. Online-Zeitschriften die wichtigsten **Werbeträge** im Internet. Für die meisten Unternehmen kommt das WWW als ein Online-Medium in betrachtet, das die klassischen Werbeträger vor allem ergänzt, Das gilt auch für junge Unternehmen (Internet- Start-Ups), die für Zwecke der sogenannte Web-site-Promotion wesentliche Teile ihres Werbeetats für die Offline-Werbung ausgeben müssen.[93]

4.4.3 Verkaufsförderung

Bei der Verkaufsförderung „Sales Promotion" soll der Umsatz durch zusätzliche, Kurzfristige sowie wirksame Anreise und Aktionen gefördert werden. Aus der Sicht eines Herstellers lassen sich Händler-, Verbraucher- und Außendienst-Promotions unterscheiden.[94]

Zielgruppe	Maßnahmen
Handel	Verkaufsrundschreiben, Verkaufssonderprogramme, Handelsausstellungen, Sonderkonditionen, Displays, Wettbewerbe, Schulungen
Konsument	Preisausschreiben/Gewinnspiel, Zugaben, Werbegeschenke, Muster/Proben, Gutscheine, Rabatte, Finanzierungsangebote, Unterhaltung/Bewirtung, Inzahlungnahme, Sammelmarken

Tabelle 5: Maßnahmen der Verkaufsförderung[95]

Solche Verkaufsförderungs-Maßnahmen (**siehe Vgl.Tab.5**) können mit Hilfe des Internet realisiert werden. So kann ein sogenannter Intranet (das heißt ein unternehmensinternes Kommunikationssystem auf Internet-Basis) aufgebaut werden, über das Verkäuferschulungen bzw. Produktschulungen im WWW durchgeführt sowie auch Verkäuferwettbewerbe ausgeschrieben werden können. Auch Handels Schulungen, Wettbewerbe, oder Verkaufssonderprogramme usw. lassen sich ankündigen und durchführen.

Dazu errichtet das Unternehmen ein sogenannter Extranet, das die Intranets der Händler mit seinem eigenen verbindet. Die auf den Endverbraucher gerichteten Verkaufsförderung lassen sich unterteilen in Preis-Promotion und Nicht-Preis-Promotion. Unter Preis-Promotion versteht man alle Arten von Rabatten oder Sonderkonditionen bei Online-Bestellung.

---

[92] Vgl. Fritz (2000), S. 126.
[93] Vgl. Becker (2006), S.640.
[94] Vgl. Fritz (2000), S.128.
[95] Eigene Darstellung in Anlehnung an Lampe (1998), S.221; vom Verfasser weiterentwickelt.

Es kann sich sowohl um direkte Preisnachlässe, Coupons für spätere Einkäufe oder sogenannte Multipacks bzw. BOGOs („Buy One - Get Free") handeln, die durch die Aufhebung
des Rabattgesetztes und der Zugabenverordnung möglich geworden sind. Bei der Preis-
Promotion besteht der Gefahr, die zu „Sonderangebotskriegen" zu erziehen und so die Mar-
ken- und Anbietertreue zu untergraben.[96]

Zu den Nicht-Preis-Promotion im Internet zählen z.b. Warenproben (Musikausschnitte, kostenlos zur Verfügung gestellte Software etc.), kleinere Werbegeschenke und Preisausschrei-
ben bzw. Gewinnspiele im Internet.[97]

4.4.4 Sponsoring

Das Kommerzielle Sponsoring erfolgt durch die Förderung von Personen, Organisationen
oder Veranstaltungen im sportlichen, kulturellen, Medien- oder Sozialen Bereich. Dabei können Geld, Sachmitteln oder Dienstleistungen durch den Sponsor eingesetzt werden, um
Marketing- bzw. kommunikationsziele zu erreichen.

Als Grundformen des Sponsorings unterscheidet man in

- Kultursponsoring,
- Sozio- und Umweltsponsoring,
- Sportsponsoring,
- Medien- oder Programmsponsoring.

Im Internet fügt das Sponsoring diesen Kategorien noch eine weitere hinzu: das Content-
Sponsoring.

Unter dem Content-Sponsoring versteht man die Platzierung des Sponsorlogos auf der
Website der gesponserten Organisation bzw. Person, ähnlich wie ein Banner oder Button,
als Hyperlink zu der Website des Sponsors. Über die Möglichkeiten des traditionellen Sponsorings hinaus schafft somit das Content-Sponsoring im WWW eine direkte Kontaktmöglich-
keit zum Sponsor. Anhand der folgenden **Abbildung 21** wird ein Beispiel für das Content-
Sponsoring im WWW verdeutlicht. Also dort scheint die Nähe des Sponsorings zur Bannerwerbung bzw. Buttonwerbung im WWW sichtbar zu werden.[98]

---

[96] Vgl. Gedenk (2001), S.316.
[97] Vgl. Fritz (2000), S.128–129.
[98] Vgl. Fritz (2000), S.129.

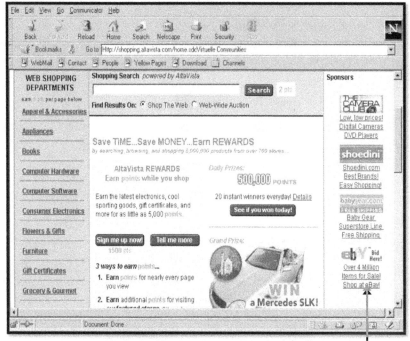

Abbildung 21: Content-Sponsoring im WWW[99]   Sponsoren

Das Sponsoring unterscheidet sich davon zum einen durch den plazierten Sponsorenhinweis („Sponsored by..." oder „Powered by..." bzw. schlicht „Sponsor"). Zum anderen ist der Hinweis auf den Sponsor an die jeweilige Website längerfristig gebunden und wird nicht wie bei Werbebannern üblich, beim Erreichen z.B. einer vorgebuchten Anzahl von Kontakten (Ad-Views) ausgeblendet. Diese neue Form des Sponsorings erfreut sich zunehmender Beliebtheit und vereinigt derzeit bereits 20 bis 50% des Internet-Werbebudgets der Unternehmen auf sich. Gegenüber der Bannerwerbung wird die Bedeutung des Sponsorings im WWW künftig weiter zunehmen.[100]

---

[99] Abbildung 21 entnommen aus: Fritz (2000), S.130.
[100] Vgl. Fritz (2000), S.130.

45

4.5 Konditionenpolitik im Internet

Zur Konditionenpolitik zählen alle Entscheidungen über die Preise von Produkten oder Dienstleistungen, welche eine Unternehmung anbietet, sowie die damit verbundenen Bezugsbedingungen.[101]

Abbildung 22: Die Instrumente der Konditionenpolitik[102]

Die konditionenpolitik (**Vgl. Abb. 22**) gliedert sich in die Preispolitik, die Zahlungsbedingungen, die Lieferbedingungen, die Rabattgewährung und die Kreditgewährung.

Das vorliegende Kapitel zeigt, wie die Instrumente der Konditionenpolitik durch das Internet unterstützt werden. Vor allem das Internet wirkt sich dabei in erster Linie auf die Zahlungs- und Lieferungsbedingungen aus.

- Die Zahlungsbedingungen (Termin, Ort, Art, Sicherstellung und evtl. Währung einer Zahlung) ist in erster Linie die Zahlungsabwicklung im Internet von Bedeutung, die in **Kapitel 4.5.2** dargestellt wurde.

- Die Lieferbedingungen werfen im Internet hauptsächlich rechtliche Aspekte auf (Erfüllungsort, Gewährleistung usw.), auf die hier im **Kapitel 4.5.3** eingegangen wird.

Die Möglichkeiten der Rabattgewährung sowie der Vergabe von Krediten werden im Grunde nicht verändert. Die Gewährung von Krediten erfolgt in Deutschland bislang noch nicht automatisiert im Internet. Das Signaturgesetz stellt jedoch bereits einen Schritt in diese Richtung dar. So sind z.B. Teilzahlungsgeschäfte im Internet durchaus denkbar.[103] Die Rabatt- und Kreditgewährung sollen hier nicht näher erläutert werden, weil die Wirkung des Internet auf die Rabatt- und Kreditgewährung sehr gering ist.

---

[101] Vgl. Thommen (1992),S. 331.
[102] Eigene Darstellung in Anlehnung an Lampe (1998), S.200; vom Verfasser weiterentwickelt.
[103] Vgl. Lampe (1998), S.207.

4.5.1 Preispolitik

Zur Preispolitik gehören zum einen die Entscheidung über die Gestaltung des Preises d.h. über die vom Leistungsabnehmer zu entrichtende Gegenleistung, sowie zum anderen über die Bedingungen und Möglichkeiten der Entgeltentrichtung.[104] Auch die Preispolitik der Unternehmen wird durch die Internet-Ökonomie verändert.

Das Internet kann die Preise von Waren und Dienstleistungen verbilligen oder verteuern, je nachdem wie es eingesetzt wird und um welche Art von Produkten es sich handelt. Generell wird die Preise einer Unternehmung durch das Nachfrageverhalten der Konsumenten, die Preise der Konkurrenz und die Produktionskosten beeinflusst.

Im Rahmen der nachfrage- oder Kundenorientierten Preisbildung wird meist vom Konzept der Preis-Absatz-Funktion ausgegangen. Der Preis-Absatz-Funktionen stellen eine Beziehung zwischen dem Preis und der absetzbaren Menge des Produktes her. Sie fallen unterschiedliche Produkte und Marktformen (Anzahl der Konkurrenten bzw. Nachfrager) bzw. Marktsituationen unterschiedlich aus. Alle Anbieter müssen jedoch die Kosten, die dem Kunden durch die Internet-Nutzung entstehen können, mit in ihre Preisüberlegungen einbeziehen. In diesem Fall sorgen für eine veränderte Position auf der Preis-Absatz-Kurve.[105]

Der Produktpreis erhöht sich für den Kunden rechnerisch um die Kostenprovider, sofern beim Kunden volumenorientierte Tarife oder zeitorientierte Tarife zur Anwendung kommen. Dies betrifft sowohl die Suchphase bzw. Auswahl von Produkten als auch den Bestellvorgang und die Lieferung über das Internet. Zusätzlich fallen für alle Phasen die Telefongebühren an. So können die Waren und Dienstleistungen nicht über das Internet geliefert werden, entstehen Transport- und Verpackungskosten bzw. Portokosten.[106]

Die folgende **Abbildung 23** wird eine Beispielsrechnung der zusätzlichen Kosten verdeutlicht, die beim Verkauf über das Internet entsteht:

---

[104] Vgl. Fritz/Oelsnitz (2006), S.184; Fritz (2000), S.112.
[105] Vgl. Lampe (1998), S.201–202.
[106] Vgl. Lampe (1998), S.202.

Produktverkaufpreis

+ Anteilige Providerkosten z.B. bei zeit- oder volumenorientierten Tarifen für Auswahl, Bestellung, (Lieferung)

+ Telefongebühren für die Auswahl und den Bestellvorgang

+ Telefongebühren für die Lieferung digitalisierter Produkte bzw. Porto und Verpackung bei nicht digitalisierbaren Produkten

= Endpreis für den Kunden im Internet

Abbildung 23: Beispielsrechnung[107]

Die Preise haben neben diesen ökonomischen auch verschiedene Psychologische Wirkungen. Niedrige Preise werden mit geringerer Qualität vereinigt bzw. assoziiert und ein Qualitätsimage wird angestrebt, sowie niedrige Preise können unter Umständen schädlich sein. Für solche Wirkungen müssen bei der Kunden- oder nachfrageorientierte Preisbildung berücksichtigt werden.[108]

Abhängig von der jeweiligen Marktsituation können bzw. müssen Preise Kostenorientiert festgelegt werden. Die traditionellen Kostenorientierte Ansätze der Preisbestimmung erweisen sich in der Internet-Ökonomie als wenig geeignet besonders dann, wenn es um die Preiskalkulation für digitale Produkte geht. Dies liegt an den hohen Fix- und sehr geringen variablen Kosten bei digitalen Produkten. Aufgrund des hohen Fixkostenanteils digitaler Produkte im Internet kann mit eine zunehmender Absatzmenge der Produkte eine ganz erhebliche Durchschnittskosten- bzw. Stückkostendegression entstehen. Um diesen Effekt zu nutzen, empfiehlt es sich, die Höhe der Produktpreise so festzulegen, dass eine möglichst schnelle Verbreitung der Produkte gewährleistet wird. Dies kann nur auf der Basis einer marktorientierten Preiskalkulation erfolgen. In Betracht kommen hier die konkurrentenorientierte Festlegung der Preishöhe sowie die kundenorientierte der Preisbestimmung.[109]

Den Größten Einfluss auf den Preis hat das Internet bei digitalisierbaren Produkte. Durch den Verkauf digitaler Produkte über das Internet können Material-, Transport- und Verpackungskosten eingespart werden. Ein digitales Produkt kann zu einem tieferen Preis an den Kunden verkauft werden. Bei nicht digitalisierbaren Gütern und Dienstleistungen hat das Internet nur indirekt einen Einfluss auf den Preis. Beispielweise beeinflussen tiefere Werbe-

---

[107] Eigene Darstellung in Anlehnung an Lampe (1998), S.202; vom Verfasser weiterentwickelt.
[108] Vgl. Lampe (1998), S.203.
[109] Vgl. Fritz (2000), S.114–115.

und Auftragsbearbeitungskosten im Internet die Kostenstruktur einer Unternehmung. Das Internet wird jedoch nur als Ergänzung eingesetzt und kann dies zu höheren Kosten führen.[110]

Die Preise der Konkurrenz innerhalb und außerhalb des Internet sind bei der Preisfestlegung zu berücksichtigen. Die Unternehmen können über das Internet Produkte verkaufen und sich wie auf anderen Märkten unterschiedliche Marktformen ergeben. Die Marktformen je nach Produkt bzw. Branche können Unternehmen vom Monopol bis zum Polypol mit allen Markttypen konfrontiert werden. Die Informationstechnologie schafft jedoch im Vergleich zu anderen Märkten ein transparenteres Marktgeschehen. Es besteht eine Möglichkeit einen guten Marktüberblick schnell zu erhalten und bei vergleichbaren Produkten gezielt nach den günstigsten Angeboten Ausschau zu halten. Kunden müssen nicht mehr verschiedene Geschäfte aufzusuchen, sondern erhalten innerhalb von Minuten die Preise der möglichen Anbieter.[111]

Aber das Problem des Preisvergleichs im Internet jedoch qualitative und quantitative. Die Anzahl von Unternehmen im Internet ist momentan noch zu gering. Nicht jeder Hersteller bzw. Einzelhändler bringt seine Produkte ins Netz, und auch US-Unternehmen liefern oft nicht weltweit. Darüber hinaus zeichnen z.B. in Deutschland bisher nur wenige Unternehmen ihre Warenangebote mit Preisen aus, in der Regel nur die, die auch per Internet verkaufen wollen. Für eine Reihe von Produkten wird man daher derzeit noch keine bzw. nur amerikanische Preise finden. Auch steht das Problem, dass es extrem schwierig wird, für Unternehmen, die mit regional differenzierten Preisen, also mit unterschiedlichen Preisen auf unterschiedlichen Märkten arbeiten. Dies ist z.B. für Automobilhersteller typisch. Der, wenn auch nicht immer einfache, kauf eines Volkswagen z.B. in Dänemark lohnt sich, da es aufgrund unterschiedlicher Steuersätze und unterschiedlicher Kaufkraft in Deutschland und Dänemark erhebliche Preisunterschiede zwischen gibt. Da die regionalen Preisunterschiede beim Angebot im Internet transparent werden würden, können solche Unternehmen entsprechend keine Preisangaben im Internet machen.[112]

4.5.2 Zahlungsbedingungen

Unter dem Begriff Zahlungsbedingungen versteht man das „wie" und „wann" einer Zahlung. Hier spricht man von der Zahlungsweise, den Zahlungsfristen sowie der Zahlungsabwicklung.

---

[110] Vgl. Mauer (1997), S.25; Lampe (1998), S.204.
[111] Vgl. Lampe (1998), S.206.
[112] Vgl. Lampe (1998), S.206-207; Roll (1996), S.64–65.

Im Internet sind zwei Wege der Zahlung möglich. Zum einen kann die Zahlung extern also außerhalb des Internet erfolgen, dies ist der sicherste aber auch der umständlichste Weg. Es stehen alle bekannten Zahlungsmöglichkeiten zur Verfügung.

Zum anderen kann die Zahlung im Internet selbst erfolgen, hier sind damit die „elektronischen Zahlungsmittel" gemeint. Auch kann die Zahlung per Kreditkarte als Zahlung im Internet betrachtet werden, da auf den Kunden keine weiteren Aktivitäten außerhalb des Internet zukommen. Die folgende **Abbildung 24** zeigt die Zahlungsmöglichkeiten bei Geschäften im Internet *im Überblick.*

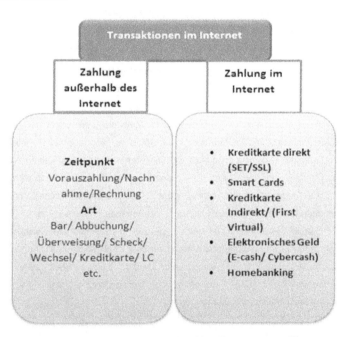

Abbildung 24: Zahlungsmöglichkeiten im Internet[113]

Bei der Zahlung außerhalb des Internet erhält der Kunde z.B. eine Rechnung oder es werden im WWW die entsprechenden Zahlungshinweise z.B. die Bankverbindung des Verkäufers genannt und der Kunde bezahlt außerhalb des Internet Da es sich bei der Zahlung außerhalb des Internet um die bekannten Möglichkeiten handelt, sollen diese hier nicht vertieft werden. Ich möchte hier auf die wichtigste Formen von Zahlungssystemen im Internet (**Vgl. Abb. 24**) eingehen.

---

[113] Eigene Darstellung in Anlehnung an Lampe (1998), S.208; vom Verfasser weiterentwickelt.

Im Internet gibt es viele verschiedene elektronische Zahlungssysteme, die das Bezahlen von Waren und Dienstleistungen direkt über das Internet ermöglichen. Im Folgenden werden die wichtigsten Zahlungssysteme im Internet und deren Funktionsweise erläutert. Am Ende werden diese Zahlungssysteme verglichen.

Zahlung mit Kreditkarte direkt (SET/SSL): Die Zahlung per Kreditkarte im Internet ist praktisch, einfach und Bequem. Bei der Kreditkartenzahlung braucht der Käufer nur den Namen des Karteninhabers, die Kartennummer sowie die Gültigkeitsdauer der Kreditkarte anzugeben und diese Informationen an den Verkäufer zu schicken. Diese rechnet dann über die Kreditkartenunternehmen ab. Aber das Problem der Zahlung per Kreditkarte ist die mangelnde Sicherheit beim Datentransfer im Internet. So können die Kreditkarteninformationen des Kunden im Internet relativ einfach abgehört werden. Um diesem Problem zu begegnen, wurde SET „Secure Electronic Transaction" und SSL „Secure Sockets Layer" entwickelt. SET ist ein weltweiter Standard für Kreditkartenzahlungen im Internet von Visa und Mastercard. Es ist auch von Europay und American Express akzeptiert worden. Der SSL ist von Netscape eingeführt worden. Das SSL-Protokoll dient zur Verschlüsselung der Kommunikation zwischen einem Server und einem Client mit einem Browser.

In der Folgenden **Tabelle 5** ist eine Auswahl von Geldinstituten zu sehen, die im Internet vertreten sind und elektronische Zahlungssysteme verschiedener Art anbieten:

http://www.advancebank.de	Advance Bank, seit März 1995 im WWW
http://www.bank.de	Landesgirokasse, seit August1995 im WWW
http://www.bank24.de	Bank24, seit Sptember1996 im WWW
http://www.bbbank.de	Badische Beamtenbank, seit Mai 1996 im WWW
http://www.commerzbank.de	Commerzbank, seit März 1996 im WWW
http://www.deutschebank.de	Deutsche Bank, seit Juni 1996 im WWW
http://www.comdirekt.de	Comdirekt Bank, seit März 1996 im WWW
http://www.consors.de	Consors Discount Broker, seit Juni 1996 im WWW

Tabelle.6: Auswahl von Geldinstituten[114]

Smartcards: können als elektronische Geldbörsen genutzt werden. In Deutschland ist dies vor allem die Geldkarte, auf die man bis zu 200 Euro laden kann. Weil das Geld direkt vom

---

[114] Eigene Darstellung in Anlehnung an Leischner (1998), S.26; vom Verfasser weiterentwickelt.

Konto auf die Karte gebucht wird, ist die Geldkarte wie Bargeld anzusehen. Wer Smartcard-Geldbörsen über das Internet nutzen will, braucht einen Kartenleser, der die Geldeinheiten von der Karte auf die lokale Festplatte bucht.

Indirekt Kreditkarte (First Virtual): Das erste Kontenbasiertes Zahlungsverfahren FirstVirtual wurde von der USA-amerikanischen Fist Virtual Holding entwickelt, welches keine Verschlüsselungstechnik Bei der First Virtual die Einzahlungen und Auszahlungen werden über Kreditkartenfirmen getätigt, die Kreditkartendaten werden jedoch nicht über das Internet übertragen und in einer FirstVirtual-Transaktion auch nicht benutzt. Stattdessen benutzt man die FirstVirtual-Kontonummer, um die Überweisung zu veranlassen. Nachdem Käufer ein FirstVirtual-Konto eröffnet hat, erhält er FirstVirtual-Kontonummer. Die Kreditkartennummer wird telefonisch an First Virtual durchgegeben. Beim Websurfen findet Käufer ein Angebot und schickt seine FirstVirtual-Kontonummer an den Verkäufer für die Bestellung. Der Verkäufer schickt Betrag und FirstVirtual-Kontonummer an First Virtual. FirstVirtual fragt beim Käufer per E-Mail nach. Nach der Bestätigung des Käufers wird die Überweisung durchgeführt. Der Minimalbetrag der bei First Virtual ausgegeben werden kann beträgt 31 Cents.[115]

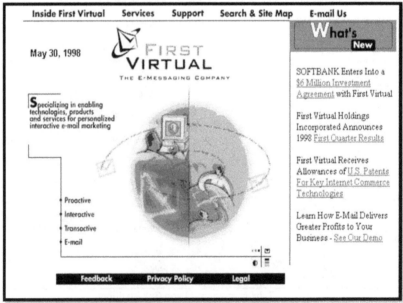

Abbildung 25 : Homepage von First Virtual[116]

---

[115] Vgl. Lampe (1998), S.344.
[116] Abbildung 25 entnommen aus Leischner (1998), S.29.

52

Elektronisches Geld (E-Cash): Das Internet-Zahlungssystem E-Cash wurde von der Firma DigiCash entwickelt und von der Deutschen Bank getestet. Die Bezahlung per Internet mit E-Cash ist sehr einfach z.B Der E-Cash-Kunde überweist reales Geld auf ein Poolkonto der Deutschen Bank. Mittels der „Walletsoftware" werden virtuelle Münzen generiert, welche von der Deutschen Bank signiert und gegen das eingezahlte Geld des Kunden verbucht werden. Der Kunde entschlüsselt bei Einkauf die Seriennummern der digitalen Münzen und bezahlt mit diesen, anschließend reicht der Händler die Seriennummern der Münzen bei seiner Bank ein und erhält nach Prüfung die entsprechende Gutschrift. Vorteil des E-Cash im Internet ist die Währung der Anonymität des Kunden.[117]

Abbildung 26: Homepage von E-cash[118]

CyberCash: das Konzept der Firma CyberCash[119] besteht aus einen zweiteiligen Ansatz. Es gibt sogenanntes Peer Cash, das im Grunde eine Lizenzausgabe des E-Cash-Systems ist und als Kleingeld funktioniert. Daneben gibt es Cybercash-Software, mit der ein Zahlknopf auf einer Webseite installiert werden kann. Der Käufer eröffnet ein Konto bei einer Partner-

---

[117] Vgl. Fantapié Altobelli/ Sander (2001), S.45.
[118] Abbildung 26 entnommen aus Leischner (1998), S.30.
[119] http://www.cybercash.com/

bank. Klickt er den Zahlungsknopf an, öffnet sich ein Formular, das er ausfüllen muss. Die Daten gehen verschlüsselt an einem „Cybercash-Server", der umgehend antwortet und eine PIN abfragt. Danach schickt der Server die Transaktion in Form einer Abbuchung zur Bank. Die Software ist kostenlos, dafür wird dem Käufer beim Kauf eine Gebühr berechnet. Der Verkäufer muss die Software erwerben und eine Standleitung zum Cybercash-Server unterhalten.[120]

Abbildung 27: Homepage von Cyber-Cash[121]

Homebanking: Mit Homebanking kann der Kunde bequem von zu hause aus verschiedene Bankgeschäfte erledigen und muss nicht persönlich bei der Bank vorbeigehen um die Geschäfte zu tätigen. Als Dienstleistungen im Rahmen des Homebanking werden z.B. das Ausführen von Daueraufträgen und Überweisungen, das Bestellen von Scheckvordrucken und Reischecks, die Erteilung von Aufträgen für Geldanlagen und Kapitalanlagen und Darlehen sowie das Einziehen und Einlösen von Lastschriften angeboten.

Homebanking funktioniert zwar wie der browserbasierte Online-Banking auch mit PIN „Persönlicher Identifikations-Nummer" und TAN „TransAktionsNummer". Der Kunde muss seine

---

[120] Vgl. Lampe (1998), S.344.
[121] Abbildung 27 entnommen aus Leischner (1998), S.28.

Kontonummer, PIN, und zusätzlich für jeden Vorgang eine TAN eingeben und so erhält er Zugang zu seinem Konto und kann z.b. Überweisungen vornehmen. Aus Sicherheitsgründen stellen viele Banken auf das HBCI „Home Banking Computer Interface" um. HBCI-Standard wird von den Spitzenorganisationen der deutschen Banken vereinbart. HBCI soll Home Banking sicherer machen. Es kann unabhängig von Endgerät, Datennetz und Software genutzt werden. Als weiterer Vorteil ist, dass Keine TAN verwendet und verwaltet werden müssen.

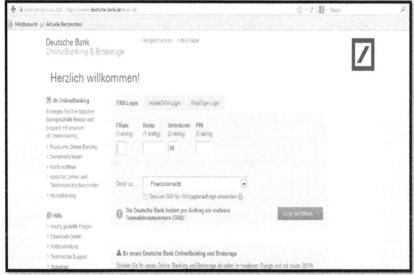

Abbildung 28: Homepage von Homebanking[122]

Nachdem die wichtigsten Zahlungssysteme im Internet und deren Funktionsweise näher erläutert wurden, sollen diese nun in **Tabelle 6** miteinander verglichen werden.

Zahlungssysteme	Anonymität/ Vertraulichkeit	Kleinstbeträge (<10 SFr.)	Sicherheit für Kunden	Sicherheit für Lieferanten	Zusatz-Software
Kreditkarte SET	ja	nein	gering	hoch	nein
Kreditkarte SSL	ja	nein	gering	hoch	nein
Geldkarte (Smartcards)	ja	nein	gering	hoch	nein
First Virtual	nein	Ja	mittel	hoch	nein
E-Cash	ja	ja	hoch	hoch	Ja
CyberCash	nein	nein	hoch	Hoch	ja
Homebanking	ja	nein	hoch	hoch	nein

Tabelle.7: Vergleich einiger wichtigster Zahlungssysteme[123]

---

[122] Abbildung 28 entnommen aus: Deutsche Bank AG (2013): OnlineBanking & Brokerage. Online: https://meine.deutsche-bank.de/trxm/db/ [Eingesehen am 11.01.2014].
[123] Eigene Darstellung in Anlehnung an Mauer (1997), S.31; vom Verfasser weiterentwickelt.

4.5.3 Lieferungsbedingungen

Neben der Zahlungsbedingungen sind auch die Lieferbedingungen wichtige Bestandteile von Kaufverträgen. Bei den Lieferbedingungen sind folgende Fragen zu klären.[124]

- Gibt es Mindestbestellmengen?
- Wie sind der Ort und die Zeit der Warenübergabe festgelegt?
- Wer trägt das Porto bzw. die Fracht, wer Verpackung und Versicherung?
- Ist der Umtausch der Ware möglich und wenn ja, unter welchen Bedingungen?
- Werden Konventionalstrafen für den Fall der Vertragsverletzung vereinbart?

Die Lieferbedingungen werden im Rahmen nationaler und Internationaler Geschäfte zur Regelung der Wareübergabe, des Gefahrenübergangs sowie der Verteilung von Kosten, Fracht und Versicherung häufig die INCOTERMS der Internationalen Handelskammer (ICC) verwendet. Da es für Geschäfte im Internet oder generell in Computernetzen noch keine entsprechenden Standardverträge oder Klauseln gibt, besteht Handlungsbedarf Hier ist noch eine Reihe weiterer ungeklärter Fragestellungen:

- Wer trägt das Risiko bei der fehlerhaften Übermittelung von Software über das Internet?
- Wo ist der genaue Erfüllungsort?
- Wie können Anbieter bzw. Versender von Informationen die Erfüllung nachweisen?
- Wie sieht der Umtausch bei Geschäften mit digitalen Waren im Internet aus?

Die Internationale Handelskammer kann hier mit neuen Klauseln Klarheit schaffen, sowie hat deshalb bereits eine Kommission eingesetzt, die sogenannte ECOTERMS (Electronic Commerce Terms) entwickelt.[125]

Im Internet können nur digitalisierbare Produkte verteilt werden. Dadurch entstehen nur geringe Verpackungskosten und Transportkosten für den Verkäufer. Weil das Internet eine grenzenlose Kommunikation erlaubt, können auf diese Weise auch die Zollkosten umgangen werden. Der Käufer kann in Form Preissenkungen davon profitieren. Bei nicht digitalisierbaren Produkten hat das Internet keinen Einfluss auf die Lieferungsbedingungen.

Nach der Untersuchung des **Kapitels 4**, also wie das Internet als Marketing-Mix (4Ps) eingesetzt wird und welche Möglichkeiten das Internet für die Marketinginstrumente bietet, möchte ich in diesem Kapitel die Chancen und Risiken erläutern, die durch den Einsatz des Internet im Marketing-Mix (4Ps) entstehen.

---

[124] Vgl. Lampe (1998), S.211–212.
[125] Vgl. Lampe (1998), S.212.

5. Chancen und Risiken durch den Einsatz des Internet im Marketing-Mix (4Ps)

In diesem Kapitel werden die Chancen und Risiken durch das Medium Internet im Marketing-Mix (4Ps) betrachtet. Der Einsatz von Internet-Technologien erfordert eine genaue Abwägung zwischen Chancen und Risiken. Erkennen und Verstehen der vielfältigen Möglichkeiten und Potentiale ist Voraussetzung.[126] Ableitend aus der Untersuchung des vierten Kapitels sind nachkommend maßgebliche Chancen und Risiken aufgelistet, die sich durch den Einsatz des Internet im Marketing-Mix (4Ps) für ein Unternehmen ergeben können.

In **Tabelle 8** werden Chancen und Risiken eines Interneteinsatzes in Kurzform gegenüber gestellt:

Chancen	Risiken
<ul><li>Verbesserung der Qualität von Produkte und Service</li><li>Erhöhung der Bekanntheitsgrad eines Unternehmens</li><li>Auswertung des Unternehmensimage</li><li>Umsatzsteigerung durch neue Kundenzielgruppen (Erweiterung der möglichen Zielgruppe und weltweite Vermarktung der Produkte)</li><li>Verstärkung der Kundenorientierung und Kundenbindung</li><li>Neukundengewinnung</li><li>Bessere und schnellere Marktübersicht/Marktkenntnis</li><li>Schnelle Wandelbarkeit und Marktanpassung</li><li>Erhalt der Konkurrenzfähigkeit</li><li>Zunehmende Individualisierung</li></ul>	<ul><li>Sicherheitsrisiko durch Einbrüche in das Firmennetz</li><li>Wachsende Rechtsprobleme</li><li>Erhöhte Transparenz gegenüber den Wettbewerbern und den Kunden</li><li>Zunehmende Wettbewerbsintensität</li><li>Geringe Kundenakzeptanz (z.B. ältere Generationen vertrauen dem Internet nicht)</li><li>Zunehmende Informationswachstum</li><li>Komplexe Informationsstrukturen (Fehlerrisiko beim Auswerten der Informationen)</li><li>Zeitdruck (Es wird immer schwieriger hohe Mengen der Informationen per Mausknopf auszuwerten)</li><li>Hohe Kosten für Hardware und Software (Auswertung des ROI nur eingeschränkt möglich)</li></ul>

---

[126] Vgl. Reimann (2002), S. 64.

• Kostenreduzierung (Einsparungspotentiale, Steigerung der Produktivität) • Bindung von Bestandskunden sowie Geschäftskunden durch die Feedback- und Kommunikationsmöglichkeiten • Verbesserung der Unternehmenskommunikation • Nutzung bestehender Wissensdatenbanken • Neuer, zusätzlicher Vertriebskanal • Optimierung der Wertschöpfungskette Zulieferer-Produktion-Kunde • Vereinfachung der Abwicklung von Transaktionen	• Hohe Instandhaltungskosten • Nicht alle Produkte eignen sich für den elektronischen Handelskanal • „Bermuda-Dreieck-Mentalität" vieler Internet-Aktivitäten durch fragwürdige Qualität und Zuverlässigkeit der Angebote und Nachfragen

Tabelle 8: Chancen und Risiken Interneteinsatz[127]

---

[127] Eigene Darstellung in Anlehnung an Andres (2003), S.108–111; Reimann (2002), S.64; Krause (2000), S. 338–339; vom Verfasser weiterentwickelt.

6. Fazit

In der vorliegenden Arbeit habe ich untersucht, ob das Internet als Marketing-Mix (4Ps) eingesetzt werden kann. Anhand der verschiedenen Bereiche im Marketing (Marktforschung, Produktpolitik, Distributionspolitik, Kommunikationspolitik, Konditionenpolitik) wurde von mir erläutert, wie das Internet unterstützend genutzt werden kann. Abschließend wurde eine Betrachtung der Chancen und Risiken, durch den Einsatz des Medium Internet als Marketing-Mix (4Ps) für Unternehmen vorgenommen.

Das Internet wird in Marketing-Mix (4Ps) eingesetzt. Das Internet unterstützt die Informationsbeschaffung in der Marktforschung und erlaubt einen schnellen und kostengünstigen Zugriff auf primäre und Sekundäre Marktdaten. Auf Grund seiner Kommunikationsmöglichkeiten, wird das Internet in der Produktpolitik (Feedback seitens der Kunden sowie Einbeziehung der Lieferanten bei Forschung und Entwicklung) zu individualisierten Produkten und vermutlich auch zu mehr Qualität führen. Außerdem können sich Produkteigenschaften, wie z.B. Kundendienst und Service, verändern (Produktdifferenzierung). Den Markenwert der Produkte wird ein höherer Bekanntheitsgrad verbessern. Durch die neuen Informationsmöglichkeiten und Kommunikationsmöglichkeiten können Programmbreite und Programmtiefe direkt beeinflusst werden. Da die direkte Kommunikation mit dem Markt produktbezogen durchgeführt werden kann, wird die Produktinnovation und Produktelimination schneller angeregt. Durch das Internet entstehen neue Produkte (z.B. Informationsprodukte, die als Internet-Produkte bezeichnen). Bei der Distributionspolitik ist zwischen der physischen und akquisitorischen Distribution zu unterscheiden. Das Internet kann als direkte Konkurrenz zum Teleshopping und Versandhandel gesehen werden. Nur digitale Güter und Dienstleistung können über das Internet transportiert werden. Die Bezahlung über das Internet ist Sicherheitsproblemtisch und behindert die Entwicklung des Distributionskanals. Auch rechtliche Probleme wie z.B. Verbindlichkeiten von Verträgen im Internet wirken behindernd. Im laufe der Zeit wurden neue Zahlungssysteme (z.B. FirstVirtual, CyberCash, E-Cash, Homebanking) und Übertragungsprotokollen (z.B. SSL) geschaffen, um die Bezahlung über das Internet sicherer zu gestalten. Am wenigstens unterstützend ist der Einsatz des Internet im Bereich der Preispolitik. Dafür ist vor allem die erhöhte Markttransparenz verantwortlich, die sich für den Kunden durch das Internet ergibt. Zunehmend schwieriger wird die regionale Preisdifferenzierung. Ein intensiver Interneteinsatz wird bei Gütern mit geringen Transportkosten (z.B. Software) zu einer Preisangleichung führen. Insbesonders in Public-Relations, Werbung, Verkaufsförderung und Sponsoring bietet das Internet, bei der Kommunikationspolitik, die größten Möglichkeiten. Im Zusammenhang mit der Kommunikationspolitik könnte das Internet bis jetzt den größten Erfolg verzeichnen. Dieser Erfolg wurde durch das WWW eingeführt, welches die verschiedenen Multimedia-funktionen (Text, Graphik, Ton, Bild, Animation, Klang) vereinte. Das World Wide Web ist sehr gut geeignet für Werbung, sowie für die Kommunikation der Unternehmen mit der Außenwelt. Zusammenfassend kann man feststellen, dass es eine Reihe kommerzieller Einsatzmöglichkeiten für das Internet gibt. Die Haupteinsatzmöglichkeiten des Internet liegen in den Bereichen Marketing, Marktforschung, Kommunikationspolitik (hier besonders bei der Werbung), sowie Distributionspolitik (hier vor allem beim Absatz und Transport digitaler Waren und Dienstleistungen).

Die optimale Kombination der verschiedenen Marketinginstrumente ist zu eruieren damit das Internet als erfolgreiches Marketinginstrument eingesetzt werden kann. Unternehmen haben die Marktforschung, Produktpolitik, Distributionspolitik, Kommunikationspolitik und die Konditionenpolitik so einzusetzen, dass sie zu optimalen Kosten den größtmöglichen Nutzen stiften.

Durch die Nutzung des Internet im Marketing-Mix (4Ps), entstehen eine Reihe von Chancen für das Unternehmen, wie z.b. neue Kunden zu gewinnen, die Kundenbindung zu erhöhen, Kundenzufriedenheit zu steigern, den Kundenservice zu verbessern, Umsatz und Gewinn nachhaltig zu steigern, die Vertriebsprozesse zu beschleunigen und die Vertriebskosten zu senken. Allerdings gibt es auch einige Risiken, wie z.B. Sicherheits- und Rechtsprobleme, die an oberster Stelle stehen und die erhöhte Transparenz gegenüber den Wettbewerbern und den Kunden. Viele Kunden wissen nicht genau, was sie beim digitalen Einkauf erwartet. Deswegen müssen die Unternehmen ihren Kunden klar machen, dass beim Einkauf in Ihrem Online-Shop die Sicherheit oberste Priorität hat. Zum Beispiel sollte bei der Abwicklung des Bestell- und Bezahlungsvorgangs, die Eingabe von sensiblen Daten über eine sichere SSL-Verschlüsselung laufen, die praktisch nicht zu knacken ist. Wenn das Sicherheitsproblem und die rechtlichen Unsicherheiten im Internet gelöst werden können, dann wird das Problem der Kundenakzeptanz aufgehoben. Die Vertrauenssteigerung könnte dann bei bestimmten Generationen (Senioren, Kinder) zu expandierende Einkäufen dieser Personengruppen führen. Diese Entwicklung könnte auch zu einer rasanten Verbreitung von mobilen Endgeräten, wie Smartphones und Tablets, beitragen.

Für Unternehmen ist das Internet heute ein wichtiges Medium mit zunehmender Kommerzialisierung. Es wird sich in Zukunft noch weiter auf alle Bereiche der Unternehmen auswirken, und es werden sich Strömungen im Marketing in viel größerem Umfang mit Instrumenten, Erforschung und Bearbeitung des Internet beschäftigen.

Diese Arbeit hat einen Überblick in die Thematik des Internet-Einsatzes im Marketing gegeben und soll als Grundlage für weitere Arbeiten in diesem Gebiet dienen.

Literaturverzeichnis

Alpar, P.(1996): Kommerzielle Nutzung des Internet, Springer-Verlag Berlin Heidelberg 1996

Alpar, P. (1998): Kommerzielle Nutzung des Internet, 2.Aufl., Berlin 1998

Andres, L. (2003): Aktuelle Herausforderungen an die Kommunikationspolitik im Internet-Marketing, Diplomarbeit, Berlin 2003

Becker, J. (2006): Marketing-konzeption , Grundlage des Ziel-strategischen und operativen Marketing-managements 8.Auflage, Verlag Franz Vahlen GmbH, München 2006

Becker, J. (1983): Grundlagen der Marketing-Konzeption, München 1983

Berke, A. (2004): Internet Marketing für Non-profit Organisationen, Handlungsempfehlungen zur Weiterentwicklung des Internetauftritts der Deutsch-Amerikanischen Handelskammer USA-süd (GACC South), GRIN Verlag http://www.grin.com Druck und Bindung: Books on Demand GmbH, Norderstedt 2004

Berres, A. (1997): Marketing und Vertrieb mit dem Internet; Springer-Verlag, Berlin, Heidelberg 1997

Bruhn, M. (2010): Marketing Grundlagen für Studium und Praxis, 10.Auflage, Gabler Verlag-Springer Fachmedien Wiesbaden 2010

BIR inform e.V (2000): Geschichte und Entwicklung des Internet. Online: http://www.bir-inform.de/geschichte-entwicklung.html [Eingesehen am 10.11.2013]

BSWals (o.J.): Westram H.: Geschichte des Internet von Michael Kauf. Online: http://www.bswals.at/pc/internet/inet/inet.htm [Eingesehen am 13.11.2013]

Conrady, R. / Jaspersen, T. / Pepels, W. (2002): Online Marketing-Instrumente: Angebot/Kommunikation, Distribution, Praxisbeispiele /Hrsg., by Hermann Luchterhand Verlag, GmbH, Neuwied und Kriftel 2002

Deutsche Bank AG (2013): OnlineBanking&Brokerage. Online: https://meine.deutsche-bank.de/trxm/db/ [Eingesehen am 11.01.2014]

FH Düsseldorf (1997): Dönmez, H./Behrend, J. : Aufbau des Internet. Online: http://swlab.et.fh-duesseldorf.de/pc_pool/lernmodule/dienste_internet/Snmp/aufbau.htm [Eingesehen am 15.11.2013]

Fritz, W./Oelsnitz, D. (2006): Marketing Elemente marktorientierter Unternehmensführung, 4.überarbeitete und erweiterte Auflage Stuttgart 2006

Fritz, W. (2000): Internet-Marketing und Electronic Commerce Grundlage-Rahmenbedingungen-Instrumente, 1. Auflage Gabler Verlag, Wiesbaden 2000

Fritz, W. (2004): Internet-Marketing und Electronic Commerce Grundlage-Rahmenbedingungen-Instrumente, 3.Vollständig überarbeitete und erweiterte Auflage Gabler Verlag, Wiesbaden 2004

Gedenk, K. (2001): „Verkaufsförderung", in ; Albers, S./ Clement, M./ Peters, K./ Skiera, B. (Hrsg.): „Marketing mit Interaktiven Medien", 3.Aufl., Frankfurt am Main 2001

Haas, A. (2001): Marketingstrategie, in: Diller, H. (Hrsg.): Vahlens Großes Marketing Lexikon, 2.Auflage, München 2001

Haas, J. (2001): Strategisches Management, 3.Auflage, Stuttgart 2001

Hermanns, A./C. Kiendl, S./C. van Overloop, P. (2007): Marketing Grundlagen und Managementprozess, Verlag Franz Vahlen GmbH, München 2007

Holzmann, C.(2010): Online-Marktforschung. Online: http://www.w.hs-karlsruhe.de/markezin/links/holzmann_online_marktforschung.pdf [Eingesehen am 05.12.2013]

Hofte-Frankhauser, K./ F.Wälty, H. (2011): Marktforschung Grundlagen mit zahlreichen Beispielen, Repetitionsfragen mit Antworten und Glossar, Auflage.3, überarbeitete Auflage, Zürich 2011

Kotler, P./Bliemel, F. (1995): Marketing-Management, 8. Auflage, Stuttgart 1995

Kraus, J. (2000): E-Commerce und Online-Marketing, Chancen und Risiken und Strategien, 2., aktualisierte und erweiterte Auflage, Carl Hanser-Verlag, München Wien 2000

Kreutzer, T.R. (2006): Praxisorientiertes Marketing Grundlage- Instrumente- Fallbeispiele, Betriebswirtschaftlicher Verlag Dr. Th. Gabler, GWV Fachverlage GmbH, Wiesbaden 2006

Lamprecht, St. (1996): Marketing im Internet, Haufe, Freiburg 1996

Lampe, F. (1998): Unternehmenserfolg im Internet: ein Leitfaden für das Management Kleiner und mittlerer Unternehmen– 2. Überarb. Und erw. Auflage –Braunschweig; Wiesbaden 1998

Lampe, F. (1996): Business im Internet, Vieweg-Verlagsgesellschaft, Braunschweig 1996

Leischner, S. (1998): Elektronische Zahlungssysteme im Internet- Formen, Bewertung, Praxisbeispiele, Erfurt 1998

Maurer, P. (1997): Das Internet als Marketinginstrument. Online: http://www.daph.com/docs/Dralle.pdf [Eingesehen am 05.11.2013]

Meffert, H. (2000): Marketing Grundlagen Marktorientierter Unternehmensführung, 9.Auflage, Gabler Wiesbaden 2000

Meffert, H./Burmann, C./Kirchgeorg, M. (2008): Marketing Grundlagen Marktorientierter Unternehmensführung Konzepte-Instrumente-Praxisbeispiel, 10. Vollständig überarbeitete und erweiterte Auflage ,Gabler GWV Fachverlage GmbH, Wiesbaden 2008

Oenicke, J. (1996): Online-Marketing, Kommerzielle Kommunikation im interaktiven Zeitalter, Schäffer-Poeschel, Stuttgart 1996

Paul-G. Orzessek Online(2005): Die Internet-Dienste. Online: http://www.paul-orzessek.de/grundkurs_internet/internetdienste.htm [Eingesehen am 16.11.2013]

Reimann, M. (2002): Einsatzmöglichkeiten des Internet als Marketing-Instrument am Beispiel eines mittelständischen Dienstleistungsunternehmens, Diplomarbeit, Berlin 2002

Roll, O. (1996): Marketing im Internet, tewi-Verlag, München 1996

Runia-W-G-T (2005): Marketing, Oldenburg Wissenschaftsverlag Rosenheimer Str. 145, D-81671 München 2005

Sicher ins Netz, die IT-Sicherheit-CD (o.J.): Internet Grundlagen – Aufbau des Internet. Online: http://www.hessen-it.de/sicherheit/Inhalte/Grundlagen/Aufbau/index.html [Eingesehen am 15.11.2013]

Störmer, J./Schönberger, L. (2011): Erstellung eines Online-Fragebogens. Online: www.uibk.ac.at/psychologie/mitarbeiter/leidlmair/referat-erstellung-eines-online-fragebogens-1.pdf [Eingesehen am 05.12.2013]

Steinhaus, I. (1998): Basiswissen Internet, Humboldt-Taschenbuchverlag Jacobi KG, München 1998

Tamedia AG, SonntagsZeitung (2013): Zeitung. Online: http://wwww.sonntagszeitung.ch/ [Eingesehen am 30.10.2014]

Thommen, J-P (1992): Betriebswirtschaftslehre Band 1,3. Auflage, Zürich 1992

Versen, K.(1999): Internet-Marketing, Verlag dissertation.de, Berlin 1999

Wehrli, H.P. (1992): Marketing, BD Bücherdienst AG, 2. Auflage, Zürich 1992

Werner, A. /Ronald, S. (1998): Marketing-Instrument Internet ,Verlag für digital Technologie GmbH, Heidelberg 1998